LE VERTIGE IDENTITAIRE

Crédits des citations
P. 47 et 51 : *Histoire d'un Allemand. Souvenirs (1914-1933).*
Traduit de l'allemand par Brigitte Hébert © Actes Sud, 2003.
P. 51 : Sophie Boukhari,
reproduits du *Courrier de l'Unesco*, novembre 2001.
P. 119, 164 : André Maurois,
Les Silences du colonel Bramble
© Héritiers André Maurois
et Éditions Grasset & Fasquelle, 1921.

"Manifestes"

ISBN 978-2-330-16206-1

ALAIN CHOURAQUI

Le Vertige identitaire

Tirer les leçons de l'expérience collective : comment peut basculer une démocratie ?

ACTES SUD

À mes parents
Pour les enfants

SOMMAIRE

INTRODUCTION

LE REGARD D'UN ENFANT

À quoi servent l'expérience collective, la mémoire, la connaissance, la culture même ?

À l'ensuite, à l'après. À mieux comprendre, à mieux choisir, à être plus libre.

À être plus "homme", tout simplement.

Des réponses évidentes pour certains, en fidélité à l'héritage précieux de notre civilisation.

Pour d'autres, ces questions sont presque étranges, décalées, en tout cas, secondaires dans un monde marqué par des urgences multiples, par l'immédiateté, par la réactivité nécessaire. Dans la difficulté de tenir un cap vers demain, pourquoi ne pas se concentrer délibérément sur l'instant ? Pourquoi ne pas vivre au présent comme s'il n'y avait plus d'après ? Alors, la mémoire et l'expérience ne serviraient à rien ou à rien d'essentiel à nos vies. Elles seraient seulement ce passager clandestin qui reste quand on a tout oublié, pour le meilleur ou pour le pire lorsqu'il prend la barre de nos vies.

Ces questions légitimes peuvent évidemment être débattues à l'infini, jusqu'au moment où l'on croise le regard d'un enfant.

L'enfance ne promet-elle pas son après ? Ce regard ne dit-il pas qu'il a besoin d'aide pour préparer demain, qu'il compte sur ses parents, sur les adultes, sur chacun de nous, mais aussi sur l'école et sur les institutions démocratiques dont il ne sait pourtant pas qu'elles ont été durement conquises par les Lumières et sauvegardées par le sang de leurs défenseurs ? Ce regard ne nous rappelle-t-il pas avant tout que nous lui devons protection ? De toutes nos forces. Protection et anticipation des risques de la vie qu'il ne connaît pas mais que l'expérience et la mémoire nous aident à déchiffrer et à prévenir pour lui.

Certains de ces risques sont relativement nouveaux et difficiles à appréhender, comme les enjeux écologiques, bioéthiques ou pandémiques. Mais épargnons au moins à nos enfants les risques majeurs qui nous sont mieux connus, comme la récurrence des extrémismes identitaires, tribaux, séparatistes, souvent nationalistes ou religieux, qui ont dans l'histoire jeté des millions d'hommes les uns contre les autres, libéré des instincts hideux et mis à bas des démocraties. Ces obsessions identitaires ont dans l'histoire montré un énorme potentiel explosif et assassin. Les racismes et les exclusions essentialistes qu'elles engendrent sapent les piliers de notre civilité démocratique, la liberté, l'égalité, la fraternité, mais aussi la dignité et la justice pour tous.

Quand le "eux et nous" domine le débat public, il devient vite un "eux contre nous" pour mieux justifier ensuite un "nous contre eux", voire un "nous sans eux".

Pour nous mobiliser aujourd'hui, le regard innocent d'un enfant rejoint celui de nos anciens qui ont connu et combattu l'horreur, et qui nous ont directement alertés sur les monstruosités possibles des hommes ordinaires. "Nous ne voulons pas, non, nous ne voulons pas que notre passé soit l'avenir de nos enfants !" disait Roman Kent, au nom des quelques survivants, lors du soixante-dixième anniversaire de la libération d'Auschwitz-Birkenau, avec une force et une émotion communicatives, sur les lieux mêmes du génocide. Roman Kent vient de disparaître lui aussi, après avoir transmis son alerte au monde, à nous tous.

Aujourd'hui nous savons que l'impensable est possible. Nous savons qu'un million et demi d'enfants ont pu être délibérément et systématiquement assassinés pendant la Shoah. Nous savons que les nations les plus "civilisées" peuvent aussi produire des monstres et des monstruosités. Nous savons jusqu'où et surtout comment une barbarie humaine peut tout emporter, jusqu'à l'humanité même en l'homme.

Aujourd'hui, nous sommes mieux armés que nos pères qui ne savaient pas.

Encore faut-il que la mémoire de l'expérience ne soit pas seulement un hommage nécessaire aux souffrances du passé, un "plus jamais ça !" horrifié. Il faut qu'elle s'appuie aussi sur une analyse solide permettant d'armer le courage par la compréhension des mécanismes humains fondamentaux qui ont conduit au pire, mais aussi par la connaissance des ressorts qui ont permis les résistances.

Aujourd'hui, le besoin de sens est partout et le sens a besoin de repères. Dans une période d'effritement de ceux-ci, la mémoire peut fournir de tels points de référence, des clés de compréhension tirées du passé mais essentielles pour aujourd'hui et pour demain.

Quel regard nous renverra un jour notre miroir si nous n'avons pas tout fait pour préserver celui des enfants ?

Un long travail scientifique, collectif et pluridisciplinaire sur la Shoah et les crimes génocidaires contre les Arméniens, les Tsiganes et les Tutsis du Rwanda, dont les résultats sont à l'appui de ce livre, a permis en effet de constater des mécanismes humains communs dans ces grandes tragédies. La recherche apporte alors des clés de compréhension des processus sociétaux récurrents les plus dangereux. Sur cette base, des grilles de lecture et des outils d'analyse ont pu être élaborés, dont certains sont présentés ici. Un indice d'analyse et d'alerte (AARD) a ainsi montré une tendance antidémocratique lourde qui monte en France depuis trente ans au moins (voir Chapitre 2, p. 77).

Perte de repères, forte demande d'autorité, questions identitaires dominantes, radicalisations et extrémismes identitaires, institutions attaquées, rejet des élites, désordres et agressions, pouvoirs ébranlés et provocations organisées... Ce sont les caractéristiques de l'étape décisive du processus historique récurrent qui a conduit dans l'histoire à la mort des droits et libertés démocratiques et à des crimes de masse. Mais ne semble-t-il pas que cette énumération parle aussi de ce que nous vivons aujourd'hui, en France en particulier mais pas seulement ?

L'engrenage historiquement connu apparaît donc à nouveau enclenché aujourd'hui, nourri de passions identitaires, de crises multiples et de passivité commune. Déjà s'est installée l'indifférence envers les enfants engloutis près de nous en Méditerranée, déjà les migrants qui se noient devant nos ports sont ressentis davantage comme des problèmes à résoudre que comme des humains à sauver. Terrible !

Alors devant l'actualité qui s'entrechoque avec les leçons du passé, cet essai exprime une inquiétude et une détermination qui viennent de loin, de l'expérience collective, bien sûr, mais aussi des alertes de nos parents, anciens déportés ou résistants, qui reconnaissent le retour des "vents mauvais" qu'ils ont connus.

Comment ne pas constater en effet que se développent à nouveau des dynamiques d'extrémisations identitaires qui envahissent le débat public, avec leur malignité raciste, antisémite, sexiste, homophobe, avec leurs haines et leurs violences bien connues ?

La question de l'identité est légitime, l'obsession identitaire est mortifère et infondée, car elle ignore la vérité des identités plurielles de chacun qui permettent de créer du commun par-delà les différences.

Mais qui interpeller ? Les apprentis sorciers de ces radicalisations politiques et religieuses qui prennent aujourd'hui en tenaille notre démocratie et s'alimentent les uns les autres ? Parlons surtout à la grande majorité des hommes et des femmes qui sont aujourd'hui comme sidérés par ce qu'ils entrevoient des processus enclenchés, mais chez qui la conscience morale commence à imposer une voix intérieure lucide et courageuse, les incitant à la vigilance, voire à l'engagement, pour eux-mêmes, pour leurs enfants et pour notre pays.

Ce petit livre est en effet un appel.

À la volonté, à la connaissance, à la sensibilité, à la culture, à l'engagement. Contre l'ébranlement des repères, des vérités et de la raison nécessaires à la démocratie. Contre le vertige identitaire qui a toujours opposé les hommes, rétréci les âmes et racorni le sens de la patrie.

Un appel à s'inspirer de l'exemple puissant de celles et ceux dont le courage souvent discret a su s'opposer aux récurrences terribles des passions humaines myopes et meurtrières contre l'Autre différent.

Un appel à refuser ainsi la passivité qui laisse avancer le danger, et à se saisir des clés de compréhension vitales qu'apporte le recul du passé et des sciences de l'homme, et que résume cet essai.

Ce recul peut aussi contribuer à l'apaisement nécessaire par l'objectivation de sujets devenus trop sensibles, voire passionnels. Il nous fait apparaître que l'extrémisme, et en particulier l'extrémisme identitaire, fut dans l'Histoire le principal moteur vers la dictature puis le crime de masse. Le combattre, c'est permettre à chacun de vivre libre des peurs et des haines qui assujettissent et rabaissent ceux qui les portent comme ceux qu'elles visent ; libre de ressentir la beauté du monde, l'infini des amours et la richesse des hommes par-delà les inévitables vicissitudes de leur coexistence.

Cet appel est surtout un acte de confiance.

De confiance en l'homme qui comprend, qui apprend, qui agit. De confiance en la jeunesse tournée vers la vie mais trop souvent encore étouffée par ses conditions de vie, ou manipulée dans sa soif d'idéal. De confiance en notre capacité individuelle et collective à construire un trait d'union pertinent entre le passé qui nous nourrit, le présent qui nous interpelle durement, et l'avenir que nous devons tous construire face à des enjeux humanistes et environnementaux bien plus réels que les fantasmes identitaires.

C'est cette trame du temps et de la vie que suivront les trois chapitres de cet essai.

La grande différence avec ce que n'ont pas pu empêcher nos pères, c'est que cette horreur moderne fut, et qu'aujourd'hui nous savons où elle peut mener. Notre responsabilité n'en est que plus claire.

Fort heureusement, en même temps que ce passé alourdit notre devoir face aux processus historiquement dangereux, il nous fournit le contrepoison puissant que constitue leur connaissance. Si nous savons aujourd'hui jusqu'où l'atroce est possible, nous savons aussi que les engrenages qui peuvent y conduire sont résistibles, que la résistance est d'autant plus efficace qu'elle intervient tôt, et surtout qu'elle peut impliquer les simples citoyens mais aussi les pouvoirs publics, les magistrats, les forces de l'ordre, les partis, les syndicats, les médias, les ONG, les hommes et femmes de culture… L'implication de tous n'est pas seulement un chemin participatif pour développer notre vie démocratique, elle peut être aussi une manière de la préserver.

La démocratie est aujourd'hui sur une ligne de crête où le vertige identitaire ne doit pas la faire trébucher ni réagir sans discernement aux provocations de ses ennemis qui, eux aussi, la voient en difficulté. Plus que jamais, chaque acte, mais aussi chaque passivité, chaque acteur, chaque institution, peut contribuer à faire la différence pour apaiser ou, au contraire, pour menacer la paix civile. Et comprendre pour agir est la première étape de la résistance nécessaire.

Sachons donc nous saisir de cette connaissance si durement acquise par l'humanité. Avec la fermeté et la lucidité qu'exigent la mémoire des horreurs passées et le refus des souffrances possibles.

Pour ne pas basculer. Ni nous laisser glisser plus facilement, d'étape en étape, de petits renoncements en petites lâchetés.

Pour éviter de nouvelles tragédies en gestation, et surtout pour laisser la place à la beauté et à l'amour.

Enfin !

CHAPITRE 1

POUR COMPRENDRE HIER

Comment les sociétés sombrent dans la barbarie identitaire ?

Si l'écho de leurs voix faiblit, nous périrons.

Attribuée à Paul Éluard

Ceux de nos parents et grands-parents qui, avant la Seconde Guerre mondiale, n'ont pas compris que le monde allait à la pire catastrophe de son histoire n'étaient pas plus stupides que nous. Ils rêvaient eux aussi à un monde meilleur sans voir arriver le retour de la barbarie qui boucherait leur horizon.

Ils vivaient une situation qui, sur le plan des dynamiques sociétales, comportait nombre d'éléments similaires à la nôtre : la montée des intolérances, de l'antisémitisme et de la xénophobie ; la succession de crises économiques et sociales, mais aussi politiques, morales et culturelles ; la perte de repères collectifs ; l'ébranlement des institutions ; le développement des violences ; un environnement politique déjà marqué en Europe par un nombre significatif de régimes autoritaires ou totalitaires.

Face à ces phénomènes qui mettent directement en péril la cohésion et la paix sociales, les réponses des citoyens comme celles des institutions démocratiques et républicaines sont généralement insuffisantes et surtout tardives. C'est notamment le cas des réactions vis-à-vis des provocations de minorités extrémistes qui enclenchent l'engrenage. Chacun fuit la nécessité de résister. Ce fut le cas des démocraties dans les années 1930, face à Hitler comme en interne. C'est le cas aujourd'hui face à l'extrémisme nationaliste et à l'islamisme radical qui prennent la société en étau et se renforcent "objectivement" l'un l'autre. Certes, il est peu probable que le danger totalitaire s'incarne demain dans la figure d'une petite mèche brune exaltant la race aryenne, mais le risque est réel de voir l'extrémisme nationaliste dépasser le tiers des électeurs qui fut suffisant en 1933 pour l'accession au pouvoir, par le jeu d'alliances suicidaires.

La question de la comparaison d'aujourd'hui avec les années 1930 est souvent présente dans le débat public, entre analyses sérieuses et dénonciation de la *reductio ad hitlerum*. L'enjeu est fort et l'anachronisme facile, mais il y a parfois confusion entre les niveaux d'analyse. Plusieurs mécanismes fondamentaux individuels, collectifs et institutionnels sont clairement semblables. Alors que les différences majeures avec cette période, souvent pointées légitimement, relèvent surtout de circonstances historiques et politiques, pas de ces dynamiques sociétales plus profondes. Nous privilégions donc ici les éléments de rapprochement car le sociétal déborde souvent le politique dans les périodes de déstabilisations.

Pour nous, la plus grande différence avec les années 1930, c'est que cette horreur moderne fut, et que nous pouvons comprendre aujourd'hui comment elle advint et peut revenir. C'est tout l'objet du long travail de recherche pluridisciplinaire et intergénocidaire que nous avons engagé pour compléter une "mémoire révérence" aux souffrances du passé par la construction d'une véritable "mémoire référence" pour aujourd'hui. Seule celle-ci peut permettre de mieux repérer et décrypter, à partir de l'expérience du passé, les processus individuels, collectifs et institutionnels dont la récurrence peut constituer un socle de leçons sociétales utiles au présent et au futur*. En partant de l'histoire de la Shoah mais en élargissant la recherche à une approche intergénocidaire faisant apparaître des mécanismes communs par-delà les continents et les périodes, c'est une part de la nature humaine intemporelle et universelle que nous approchons, celle que l'on peut retrouver aujourd'hui et demain. Ce faisant, c'est aussi une dimension universelle et paradigmatique de la Shoah qui, en bonne méthode, est finalement validée.

À chacun donc, s'il le souhaite, de se saisir des clés de compréhension présentées dans cet essai et de les utiliser pour

* Ce travail a été mené – et se poursuit – dans la perspective de la création et du développement du site-mémorial du Camp des Milles, sous ma direction et avec le soutien actif d'un large Conseil scientifique international et pluridisciplinaire dont le président est le recteur Jean-Paul de Gaudemar et le vice-président Max Polonovski. Ce travail original constitue le principal point d'appui scientifique de cet essai (voir détail en Annexe).

décrypter à sa manière chaque situation présente. Il est alors nécessaire de bien distinguer les fondamentaux du présent et les circonstances de l'actualité, un peu comme nous l'avons fait ci-dessus entre la mèche brune et les dynamiques sociétales qui l'ont permise. C'est notamment pour ne pas forcer cette libre déclinaison par chacun aux circonstances du moment que nous resterons sur le registre des mécanismes fondamentaux lorsque nous évoquerons les tendances du présent tout en évitant les références trop directes à l'actualité et à ses acteurs. Celle-ci n'est souvent que l'écume de vagues de fond. Et les polémiques quotidiennes entre les acteurs ne doivent pas risquer de masquer les processus essentiels et décisifs que dévoile le recul de l'histoire et des autres sciences de l'homme.

Un résistible engrenage vers le pire

Le double objectif du travail de recherche scientifique et pédagogique évoqué ci-dessus était donc d'une part de mieux comprendre les processus qui mènent des racismes "ordinaires" aux génocides, mais aussi d'analyser les capacités d'y résister. Dans le prolongement de travaux personnels et collectifs antérieurs, et en s'appuyant aussi sur d'autres acquis pluridisciplinaires, notre démarche scientifique s'est développée durant une vingtaine d'années à partir d'abord du "terrain de recherche" que constitue le Camp des Milles lui-même, seul grand camp français encore intact (voir Annexe 1), mais aussi plus largement à partir de la Shoah dont il fut l'un des rouages. Il s'agissait ensuite d'explorer l'universalité éventuelle des processus ainsi mis au jour. Pour ce faire, nous développons une approche méthodologique originale de "convergence des mémoires" prenant appui sur l'histoire de la Shoah bien sûr, mais aussi sur d'autres grands crimes génocidaires du XXe siècle, contre les Arméniens, les Tsiganes ou les Tutsis du Rwanda. Cette démarche fait apparaître plusieurs mécanismes communs à ces tragédies et permet d'établir une grille d'analyse des processus individuels, collectifs et institutionnels qui ont pu se répéter et mener au pire dans des continents, des populations et des temps différents. En connaissant mieux ces dynamiques mortifères communes, il est possible de mieux prévenir, reconnaître et combattre le retour éventuel de ces vertiges identitaires dangereux mais résistibles. On retrouve ici l'objectif citoyen de cette recherche-action.

Les résultats de ce travail de recherche conduisent à distinguer plusieurs étapes dans les processus historiques récurrents qui ont mené aux crimes de masse. La synthèse qui suit est illustrée par des schémas explicatifs reprenant les caractéristiques de chacune des étapes.

Le terreau :
préjugés, racismes et tensions sociales

Dans toute société, il existe à des degrés divers des tensions permanentes, plus ou moins maîtrisées, que nourrissent en particulier les frustrations individuelles, les divergences d'opinions et d'intérêts et les injustices sociales : parmi elles, les préjugés, le rejet de l'Autre, les racismes et l'antisémitisme, la xénophobie, le sexisme, l'homophobie, les peurs et angoisses multiples…

À quoi s'ajoutent des comportements psychosociaux très communs mais qui peuvent être dangereux dans des situations de conflits : les stéréotypes, la soumission aveugle à l'autorité, la passivité et l'indifférence, l'effet de groupe et le conformisme.

L'image du "terreau" aide à comprendre que le processus pouvant conduire à la fin des droits humains, voire à des crimes de masse, n'est pas un phénomène émergeant par hasard, *ex nihilo*. Il trouve ses racines dans des tensions et des comportements permanents qui vont en nourrir chacune des étapes, avec des conséquences de plus en plus graves au fil de celles-ci.

Si les préjugés macèrent et se diffusent longuement dans les sociétés, si les conflits sont inévitables entre les individus et entre les groupes humains, ces difficultés demeurent le plus souvent latentes ou se gèrent pacifiquement selon les lois démocratiques dans un État de droit. C'est à la faveur de crises diverses et parfois cumulées que les préjugés et les conflits se durcissent : crises économiques ou sociales, politiques, morales, sécuritaires, écologiques, sanitaires, tensions internationales ou simples faits divers peuvent provoquer des mouvements de rejet fondés sur l'origine réelle ou supposée des personnes. Un engrenage dangereux peut alors s'enclencher si la démocratie est affaiblie et si les tensions s'enveniment.

Stéréotypes
Préjugés
Généralisations abusives (groupes)

Peur de l'Autre

Ignorance
Inculture

Frustrations
Jalousies

Divergences d'intérêts, d'opinions...

Injustices
Inégalités

Racismes/antisémitisme/
xénophobie/sexisme "ordinaires"

Discriminations "du quotidien"

Caractères principaux du "terreau" des tensions sociales dans l'histoire (approche pluridisciplinaire et inter-génocidaire).

Une dégradation de la situation économique, avec son corollaire dramatique de chômage et d'insécurité sociale, peut ainsi constituer un puissant ingrédient de la destruction des liens sociaux. Elle favorise les équations simplistes comme celles qui relient sommairement chômage et immigration ou insécurité et étrangers, mais on voit hélas beaucoup moins le lien entre délinquance et perte de repères ou chômage des jeunes. Elle peut conduire à prêter des intentions destructrices à des groupes humains et à conforter certains préjugés par des faits isolés et ponctuels que l'on généralise abusivement contre un groupe. Rien n'est plus simple que d'éviter de se remettre en cause et de désigner un "bouc émissaire" face à une crise, un "responsable" de tout le mal, voire de rechercher une cohésion sociale dans l'agressivité commune face à cet ennemi fabriqué. C'est une des raisons pour lesquelles l'enclenchement d'une dynamique menaçant la paix sociale est souvent annoncé dans l'histoire européenne par une violence antisémite que l'on peut alors qualifier d'"avertisseur d'incendie" (voir Chapitre 3, p. 119).

Mais la situation économique est loin d'être le seul élément de contexte favorisant de tels processus. Les “crises identitaires”, réelles ou fantasmées, en ont aussi été un facteur puissant dans l’histoire. Depuis quelques décennies, en plus de crises diverses, passagères par définition, de multiples déstabilisations et changements profonds et durables atteignent de nombreux champs de la société (l’économique, le social, le politique, le religieux, le rapport entre les genres…). Ils provoquent des peurs et des pertes de repères collectifs, accentuent dangereusement et durablement les tensions permanentes du terreau, et tirent sur les nerfs d’une société, alimentant des “fatigues” individuelles et collectives et notamment ce que l’on a pu appeler une “lassitude démocratique”.

Les moyens modernes d’information et de communication se révèlent être de redoutables vecteurs de diffusion et de radicalisation des discours de haine et du complotisme. Internet apparaît alors parfois comme un nouveau golem difficile à maîtriser. L’emballement raciste ou antisémite se heurte certes à des résistances, mais il peut aussi se trouver facilité par des réactions de relativisation, de banalisation, d’évitement, voire de négation.

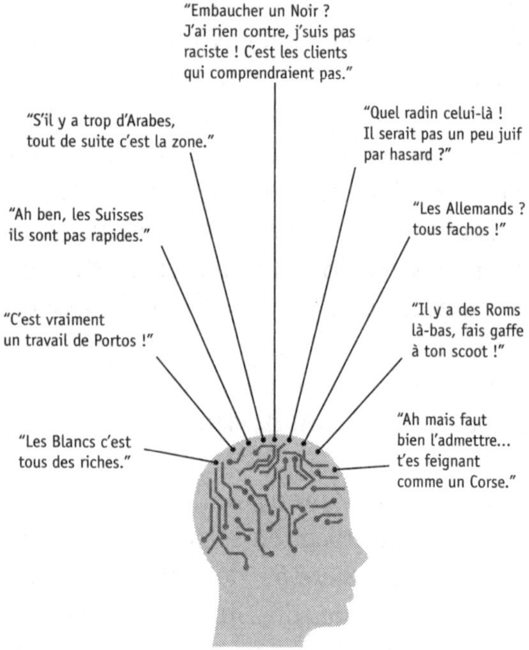

Quelques préjugés parmi beaucoup d'autres...

Qui a vraiment envie de se confronter à ces pathologies sociales ? L'indifférence ou la passivité constituent pourtant deux postures qui laissent le champ libre aux manipulations extrémistes et favorisent la progression des attitudes de rejet, de discrimination, voire de violences verbales puis physiques.

À partir du terreau des tensions sociales dont certains éléments sont ainsi exacerbés par des crises temporaires ou des déstabilisations durables, un processus peut se développer en trois étapes successives.

Première étape : l'émergence de l'extrémisme identitaire

"Dans l'ordinaire du quotidien"

La première étape de l'engrenage vers le pire s'enclenche donc dans un contexte de crises ou de déstabilisations sociétales auxquelles une démocratie affaiblie – pour quelque raison que ce soit – a souvent du mal à répondre. Celles-ci affectent toute la société et entraînent une peur de l'avenir, des crispations identitaires et des démagogies agressives. Des groupes émergent et s'organisent pour répandre les idées et la violence racistes. Ils exploitent les crises, un fort sentiment d'injustice, fondé ou non sur des inégalités objectives, des frustrations et jalousies, et le besoin de trouver des "coupables" réels ou supposés, qui permet de détourner l'attention des vraies causes et parfois des vrais conflits plus complexes à traiter. C'est très souvent "l'Autre", minoritaire, étranger, différent ou perçu comme tel, qui est visé. En Europe, ce sont les juifs et les Tsiganes qui, historiquement, ont joué ce rôle jusqu'à aboutir à l'acmé de la Shoah. Mais ils ne sont plus les seuls aujourd'hui, puisque les Arabo-musulmans et parfois les Noirs et les Asiatiques les rejoignent dans le rejet.

Parmi les armes utilisées par les minorités extrémistes pour répandre leurs idées se trouvent la manipulation, l'inversion du discours ou le mensonge, souvent théorisés dans une propagande très travaillée. Le faux est présenté pour le vrai, la victime comme l'agresseur. Les *fake news* n'ont fait que moderniser et amplifier le phénomène. Pour justifier les crimes, les juifs, les Tsiganes, les Tutsis au Rwanda, les Arméniens ont été victimes de rumeurs orchestrées, voire accusés de complots contre la nation ou le reste du peuple.

Ainsi, dans l'un de ses discours, Talaat Pacha, ministre de l'Intérieur de l'Empire ottoman en 1915, accuse officiellement les Arméniens pour justifier les massacres. Un autre exemple est celui des *Protocoles des Sages de Sion*. Ce faux document a été créé par la police tsariste pour justifier les pogroms. Il est censé prouver l'existence d'un programme mis au point par un "conseil juif" imaginaire, destiné à dominer le monde. Hitler l'utilisera largement pour sa propagande, et il est encore diffusé dans certains pays, en particulier contre le "sionisme". Contre les Tsiganes aussi, comme souvent depuis le XIXe siècle, la presse relate un soi-disant massacre d'enfants volés. Au Rwanda encore, un faux libelle agressif est attribué aux Tutsis afin d'exciter les Hutus contre eux.

Ce discours démagogique satisfait une partie de la société en quête de certitudes et de "coupables". Mais la majorité, inconsciente du danger, ne se sent pas concernée. Et ce qui était auparavant inconcevable devient progressivement possible. Apparaissent ainsi dans le débat public des appels à l'exclusion sur des bases

Crises et déstabilisations (sociales, économiques, politiques, morales, culturelles...)

Pouvoirs affaiblis

Violences antisémites
"avertisseurs d'incendie"

Développement des peurs

Boucs émissaires
Rumeurs et complotisme

Minorité extrémiste agissante
Majorité indifférente ou passive

Crispations identitaires
Rejet de l'Autre
Stigmatisations

Développements racistes
Insultes et menaces

Caractères principaux de l'étape 1 dans l'histoire (approche pluridisciplinaire et intergénocidaire).

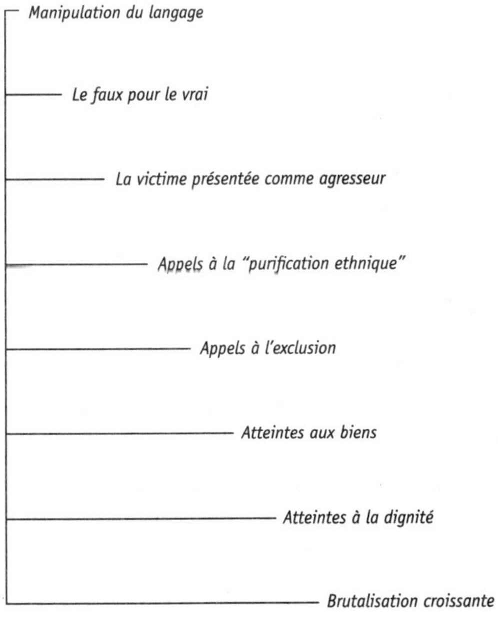

Actions principales des minorités extrémistes identitaires pour manipuler, brutaliser, avancer.

ethniques, nationalistes ou religieuses. Dans les années 1930, en Allemagne, les slogans antisémites se multiplient. On trouve par exemple "Mon restaurant est interdit aux Juifs" ou "Allemands, défendez-vous contre la propagande juive. N'achetez que dans les magasins allemands". Et les mots, qui sont déjà des atteintes à la dignité, sont suivis, dès cette première étape, par des actes de violence contre les biens, dans un contexte de brutalisation croissante de la société. Le vivre-ensemble se fracture. La majorité se fait déjà complice par sa passivité.

Se pose alors la question de résister au quotidien comme personne face à l'Autre et comme citoyen dans la vie publique. Et apparaît la difficulté de reconnaître d'abord en soi-même l'engrenage des aveuglements, des peurs, des lâchetés et de la violence. Car chacun est concerné, sans le vouloir, souvent sans le savoir ou sans vouloir le voir.

C'est dans l'ordinaire du quotidien que peut s'enclencher l'extraordinaire du crime de masse.

Deuxième étape : de la démocratie au régime autoritaire

"Elles vinrent..."

Dans une dynamique sociétale où les questions identitaires dominent vite le débat public et où se développent des radicalisations "en miroir", cette étape est caractérisée par deux séquences, avant et après un basculement ou une dérive politiques majeurs qui aggravent les atteintes aux droits et libertés.

La première séquence de cette deuxième étape correspond à une perte généralisée des repères, des questions identitaires exacerbées, une forte demande d'autorité, des institutions attaquées et ébranlées, un rejet des élites, des crises mal maîtrisées, des pouvoirs politiques débordés, des désordres et des agressions plus nombreux. Le sociétal déborde le politique dont les outils et les registres d'action habituels sont alors inadaptés. Et l'on s'habitue à la violence.

Préférant l'ordre à la liberté, beaucoup sont prêts à suivre une doctrine extrémiste et souvent un chef autoritaire. Le confort de la meute l'emporte souvent sur la liberté individuelle.

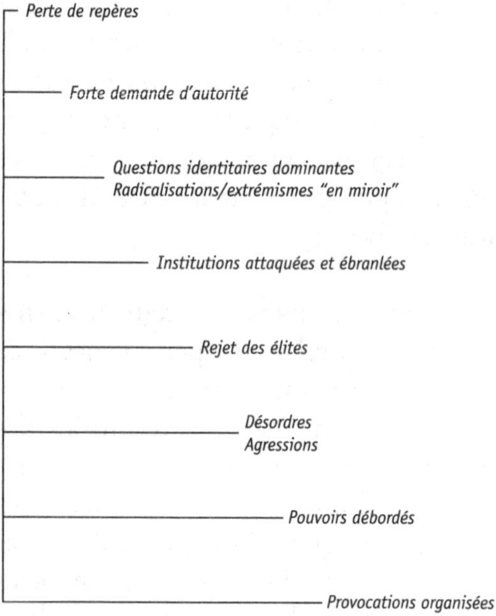

Caractères principaux de la première séquence de l'étape 2 qui précède le basculement institutionnel (approche pluridisciplinaire et intergénocidaire).

Glissement ou grand basculement

Le basculement ou le glissement décisifs dans tout le processus est celui qui permet à une minorité extrémiste, au milieu de cette étape, de prendre le pouvoir par la force ou par les urnes, le plus souvent grâce à une alliance avec des partis ou des personnalités "modérés" censés rassurer une partie suffisante de l'opinion. Ceux-ci sont généralement instrumentalisés puis soumis par les extrémistes, voire rejetés ou éliminés au fil du temps et des difficultés rencontrées.

Dès le changement politique, est mise en place une législation contraire aux droits et libertés individuels et collectifs. Le régime devient alors "hybride", voire autoritaire.

Les provocations, les troubles et les résistances sont utilisés comme des prétextes pour durcir encore les mesures antidémocratiques. Ce sont aussi parfois de vraies raisons pour un pouvoir encore mal assuré et qui se sentirait menacé par ces mouvements.

Des puissances étrangères peuvent alors instrumentaliser et exacerber ces tensions dans le but d'affaiblir et parfois de dominer le pays.

En Allemagne par exemple, aux dernières élections libres de novembre 1932, le Parti national-socialiste obtient seulement un tiers des voix. Dès janvier 1933, l'Assemblée se suicide en votant les pleins pouvoirs à Hitler pour quatre ans. Par allégeance, alliance ou peur des représailles, 444 députés votent pour. Seuls les 94 socialistes votent contre. Il n'y a plus de communistes, la plupart sont déjà dans des camps. Par la suite, le 27 février 1933, l'incendie du Reichstag, le Parlement allemand, est exploité comme une provocation pour accélérer le processus, mettre fin à la démocratie et interner "administrativement" des dizaines de milliers d'opposants dans des camps. Après avoir "mûri" longtemps, le "lent basculement" s'accélère terriblement et la majorité de la population est soit acquise, soit sidérée, et surtout souvent dans l'incompréhension des grands enjeux de cette évolution rapide, de ce "grand basculement". La plupart des Allemands qui ont voté pour les nazis n'avaient évidemment pas anticipé la fin des libertés pour tous et les dizaines de millions de morts de la guerre, y compris dans leurs rangs, ni le risque d'écrasement de l'Allemagne. Du côté de la France, Pétain pactise avec Hitler, après avoir mis fin à la démocratie et reçu lui aussi les pleins pouvoirs du Parlement français, le 10 juillet 1940. C'est cette politique de collaboration aux conséquences criminelles qui conduisit en 1945 au procès de Pétain notamment pour trahison ("intelligence avec l'ennemi"), et à sa condamnation à mort – non exécutée – et à l'indignité nationale, ce qui implique en particulier la perte de la dignité de maréchal.

> *Mon père minimisait, dédramatisait avec une discrète ironie, mais dans ce cas particulier, mon instinct de jeune homme avait raison contre la sagesse de mon père... Vivant la même apathie que des millions d'autres individus, je laissais venir les choses. Elles vinrent.*
>
> *Histoire d'un Allemand. Souvenirs (1914-1933)*, Sebastian Haffner, jeune magistrat en 1933, trad. Brigitte Hébert, Actes Sud, 2003.

Après le basculement politique commence la deuxième séquence de l'étape 2 du processus. L'État élargit le cadre de sa violence “légale” et y recourt plus systématiquement. La légalité formelle des décisions ou des ordres donnés par le pouvoir doit alors être distinguée de leur légitimité lorsqu’elle passe au crible de l’esprit critique du citoyen. Dans un pays de tradition humaniste se pose très rapidement la question du devoir de désobéissance au nom des principes fondamentaux de la démocratie et, pour la France, de la République. Au nom des leçons de l’expérience, et notamment des procès de Nuremberg et d’Eichmann où le devoir d’obéir a été mis en avant pour justifier les pires atrocités, le devoir de désobéissance a été inscrit dans plusieurs législations démocratiques, y compris pour les forces de l’ordre et les forces armées. En France a aussi été développée la jurisprudence dite des “baïonnettes intelligentes”. L’obéissance aveugle devient alors coupable, non seulement moralement mais aussi juridiquement.

Un engrenage d’actions et de réactions peut conduire rapidement au durcissement du nouveau régime en favorisant son aile la plus extrême. La force publique est domestiquée, parfois incitée à coopérer avec des "polices parallèles" plus partisanes et plus dociles, dont l'embryon est souvent en germe dans la première étape, d'où notamment l'interdiction des milices privées dans le droit français. Les contre-pouvoirs sont dégradés, la séparation des pouvoirs neutralisée. Les juges et les médias sont d'abord dénoncés avant que leur indépendance ne soit mise en cause par des changements constitutionnels ou légaux, par des prises de contrôle économiques. Une propagande d'État prône des valeurs soi-disant nouvelles, comme dans la France de Vichy ou le Rwanda de 1994. Des internements et des "rétentions" sans jugement se multiplient. Des minorités sont menacées et le racisme n'est pas une infraction. Dans le même sens, on peut voir prôner la fin de l'interdiction de contester les génocides avérés afin de mieux réhabiliter certains de leurs auteurs ou complices, voire pour affaiblir ces repères forts. Certaines pratiques ou mesures administratives discriminatoires sont légalisées. C'est donc la fin de l'État de droit, la légalité est largement mise au service du crime. Le monopole de la violence étatique n'est donc plus légitime. Contrairement à la "résistance à l'oppression" qui le devient, conformément à l'article 2 de la Déclaration des droits de l'homme et du citoyen repris expressément dans le préambule de la Constitution française et donc intégré dans l'actuel bloc de constitutionnalité : les "droits naturels et imprescriptibles de l'homme sont la liberté, la propriété, la sûreté et la résistance à l'oppression".

L'extrémisme identitaire devient clairement le moteur essentiel de l'engrenage vers le pire auquel le nouveau régime ouvre la voie, délibérément ou pas. Les racismes, l'antisémitisme et la xénophobie sont alors des leviers puissants et faciles dans une dynamique d'affrontement où les médias jouent un rôle essentiel.

La démocratie peut être supprimée en quelques mois par une spirale sociétale autant que politique que personne ne maîtrise vraiment malgré les affirmations et les coups de menton.

Quand on ne sait pas qui on est, on est ravi qu'une dictature vous prenne en charge et, dès l'instant où l'on se soumet à un maître, à un texte unique, on devient fanatique.

Entretien avec Boris Cyrulnik, "Il y a une vie après l'horreur", SOPHIE BOUKHARI, *Le Courrier de l'Unesco*, novembre 2001.

On assista à la liquidation de la République, à la suspension de la Constitution, à la dissolution de l'Assemblée… à l'interdiction de plusieurs journaux… – et tout cela… avec une insouciance poussée à son paroxysme.

Histoire d'un Allemand. Souvenirs (1914-1933), SEBASTIAN HAFFNER, *op. cit.*

Fort heureusement, l'histoire montre aussi que des hommes et des femmes ont toujours su dans ces moments graves, souvent au nom de l'expérience historique et de la culture humaniste, faire preuve de lucidité et de courage, mais aussi d'efficacité contre les atteintes aux droits et libertés. Pensons notamment à ces nombreux protestants français qui ont aidé les juifs pendant la Shoah, avec au cœur les persécutions que leurs aïeux avaient endurées dans le passé. *A contrario*, ne pas résister fait à coup sûr le lit des extrémismes et

Régime hybride ou autoritaire

Institutions confisquées

Engrenages d'actions/réactions violentes

Internements sans jugement
Premières discriminations légalisées

Contre-pouvoirs dégradés

Séparation des pouvoirs neutralisée

Intimidation des juges

Limitation des libertés publiques

1/2 Caractères principaux de la deuxième séquence de l'étape 2 qui suit le basculement institutionnel (approche pluridisciplinaire et intergénocidaire).

Force publique domestiquée

Médias contrôlés
Liberté d'expression muselée

Propagande d'État
Promotions de "nouvelles valeurs"

Minorités menacées

Instrumentalisations internationales

Légalité au service de valeurs antidémocratiques

Fin de l'État de droit par la force ou par les urnes

2/2 Caractères principaux de la deuxième séquence de l'étape 2 qui suit le basculement institutionnel (approche pluridisciplinaire et intergénocidaire).

facilite les violences de l'État dont personne n'est à l'abri sans État de droit.

Troisième étape : l'extension des persécutions et des menaces contre tous

“EXTERMINONS LES CAFARDS”

Durant cette troisième et dernière étape, l'insécurité est généralisée, comme conséquence du développement d'un engrenage des atteintes aux droits, aux libertés et aux vies, et plus fondamentalement comme corollaire de ce que j'appellerai un “resserrement de la norme” acceptée ou imposée. Les “différents” sont ciblés, les disparitions d'opposants fréquentes. Il y a une extension des mesures d'exclusion. Sous le régime de Vichy, la mention “JUIF” sur les cartes d'identité, et les carnets anthropologiques pour les Tsiganes sont deux exemples montrant des stigmatisations légalisées. Avec la disparition des élections libres et des contre-pouvoirs neutralisés, la dictature s'installe. Et prend la suite de l'autoritarisme.

Une politique de terreur est mise en place. Tous sont menacés par l'État totalitaire s'appuyant sur une police politique et sur des milices puissantes, tolérées, protégées, voire instrumentalisées pour contourner et affaiblir les forces de l'ordre soupçonnées d'être plus respectueuses des droits et libertés. La surveillance se généralise et les délations sont nombreuses. Sous la France de Vichy, elles arrivaient parfois par sacs entiers dans certains commissariats ou palais de justice. Au Rwanda, le Tutsi Vénuste Kayimahe raconte : "Le Comité de salut public, qui était un mystérieux comité, avait décrété que tous les Tutsis devaient être chassés de toutes les écoles et de tous les postes de travail*."

L'effet de groupe, voire de meute, et la soumission aveugle à l'autorité permettent l'implantation des mesures discriminatoires et les aggravent même parfois. L'atteinte à la dignité humaine et la déshumanisation deviennent systématiques. Déshumaniser l'ennemi désigné permet au tueur de ne plus le considérer ni le traiter comme un homme. Les victimes sont des

* Extrait du film diffusé dans la muséographie du Volet réflexif du site-mémorial du Camp des Milles – réalisateur Bruno Badiche, production Malice Images pour la Fondation du Camp des Milles – Mémoire et Éducation.

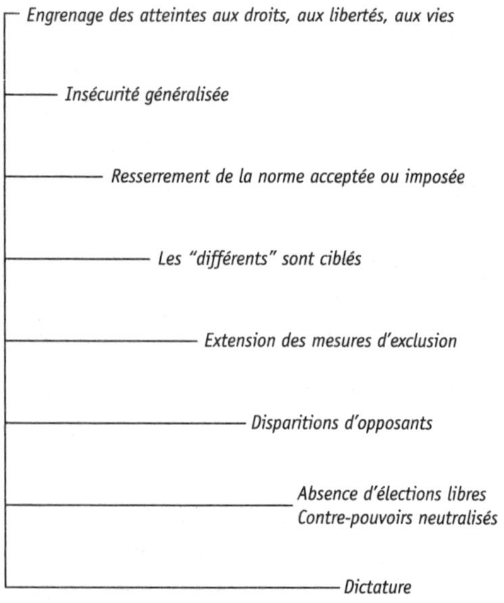

1/2 Caractères principaux de l'étape 3 qui voit l'extension des persécutions étatiques (approche pluridisciplinaire et intergénocidaire).

Tous menacés par l'État totalitaire

Politique de terreur
Police politique

Surveillance et délations

Milices puissantes

Effets de groupe
Soumission volontaire

Chefs/exécutants/passifs
Amplificateurs médiatiques

Déshumanisation
Crimes de masse
Génocide

2/2 Caractères principaux de l'étape 3 qui voit l'extension des persécutions étatiques (approche pluridisciplinaire et intergénocidaire).

animaux que l'on tatoue, que l'on transporte en wagons à bestiaux, ou que l'on abat, tout simplement. Les juifs sont traités de "pièces". Et à la radio Mille Collines, en 1994, les Tutsis sont traités de "cafards" : "Si nous exterminons les cafards définitivement, personne au monde ne viendra nous juger", pouvait-on entendre sur ces ondes.

> *Il fallait faire attention au nombre de Tutsis qu'on embauchait. Alors, on a fait attention.*
>
> B. T., dirigeant des Banques populaires au Rwanda*.

Dans cette dernière étape, on assiste non seulement à l'exclusion systématique des personnes ou des groupes cibles et même parfois à l'organisation contre eux de crimes de masse, voire de génocides, mais on constate également une extension des persécutions et des crimes individuels ou collectifs. Sont donc visés non seulement le groupe "bouc émissaire" initial, mais aussi progressivement les

* *Ibid.*

opposants, les "déviants", les démocrates, les syndicalistes, les militants associatifs, les francs-maçons, les personnes LGBTQ, les handicapés, les marginaux divers, et beaucoup de religieux, d'artistes et intellectuels contestataires dont les valeurs ou la liberté de pensée gênent le pouvoir. Le sexisme est très généralement associé dans l'histoire à ces mouvements de crispations identitaires ethniques, nationalistes ou religieuses.

La chaîne criminelle implique de nombreux participants, bourreaux ou complices, tous responsables à des degrés divers parce que tous nécessaires pour que le système fonctionne : idéologues, chefs politiques, administratifs, policiers, militaires, exécutants, bureaucrates, dénonciateurs, profiteurs, fournisseurs, transporteurs, amplificateurs (rumeurs, médias), ceux qui ferment les yeux ou qui ne réagissent pas.

L'on trouve ainsi beaucoup de complices dans la société, mais cela ne les met pas pour autant à l'abri d'un tel régime car chacun est finalement menacé par l'arbitraire et la délation. Le nazisme et le stalinisme, comme d'autres régimes

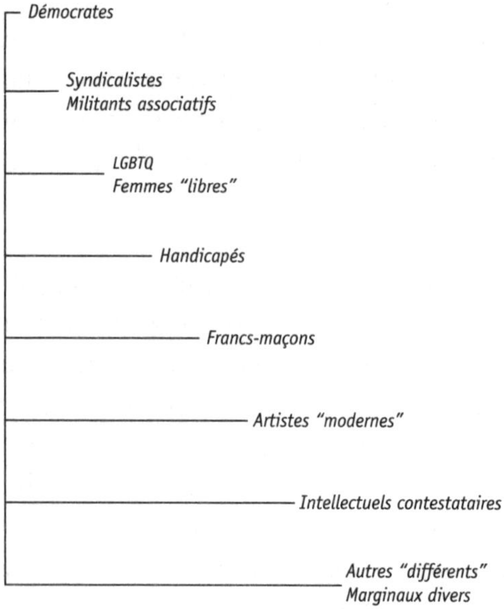

Diversité des victimes d'intolérances et de persécutions (resserrement de la "norme" acceptée par les régimes autoritaires).

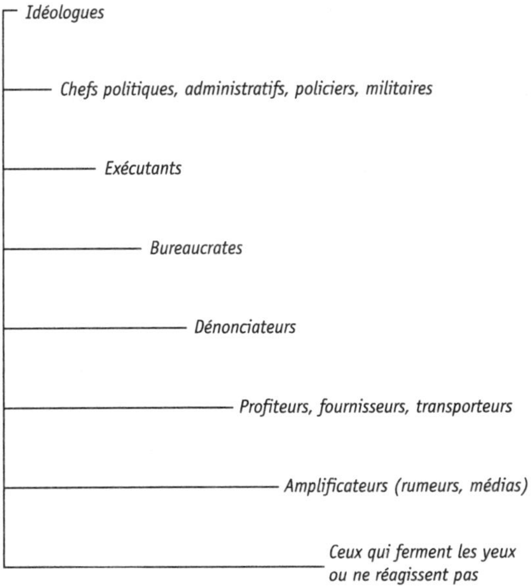

La chaîne criminelle des responsabilités nécessaires aux persécutions de masse.

totalitaires, en ont fourni d'innombrables illustrations.

Il faut alors surmonter sa peur pour réagir. D'innombrables hommes et femmes en ont trouvé la force dans les pires circonstances et dans toutes les tragédies humaines. Joséphine Dusabimana, Hutu rwandaise, témoigne : "Quand je cachais quelqu'un, je me disais : « S'il meurt, moi aussi je mourrai », et tant qu'il était chez moi, j'étais terrifiée. La mort qui aurait pu le frapper pouvait aussi m'atteindre*."

Il s'agit alors pour chacun de s'interroger : devenir criminel, complice, passif ou résistant ? La responsabilité de chacun est engagée de façon incontournable, quelle que soit la réponse. Et les questions qu'elle pose hantent parfois longtemps la conscience de ceux qui n'ont pas réagi.

* *Ibid.*

Une combinaison de mécanismes individuels et collectifs

Le recours à plusieurs disciplines scientifiques et l'examen de génocides avérés du XXe siècle (voir Annexe 1) permettent donc de repérer les trois grandes étapes d'un engrenage sociétal résistible. Mais ces étapes sociétales ne se comprennent bien que si l'on intègre à l'analyse la combinaison de leurs mécanismes collectifs et institutionnels avec des processus psychosociaux qui font des individus les rouages nécessaires de cet engrenage.

C'est cette combinaison qui autorise à dire que le développement d'une situation dangereuse n'est pas inéluctable car elle dépend largement du comportement des femmes et des hommes. Et elle permet réciproquement de comprendre comment ceux-ci peuvent passer par étapes du stéréotype le plus commun aux violences identitaires, voire au crime de masse.

Le processus qui peut mener au pire a en effet besoin d'hommes et de femmes qui se laissent aller jusqu'à l'extrême de comportements très communs comme la soumission aveugle à l'autorité, le conformisme de groupe, la passivité, la recherche de boucs émissaires… Ces hommes et femmes ordinaires peuvent en arriver ainsi à accomplir, permettre ou laisser faire des crimes extraordinaires. Sans eux, sans la banalité de ces mécanismes très humains, les extrémistes, les fanatiques et les pervers n'arriveraient à rien.

Et les grands basculements collectifs ne sont possibles que lorsqu'ils sont facilités par de tels comportements individuels, lorsque les crises, les peurs, les frustrations ou les jalousies s'exacerbent et sont exploitées par la démagogie, lorsque la violence apparaît, lorsque la démocratie se défend mal.

Les crises objectives et subjectives, les pertes de repères et les inquiétudes, fondées ou infondées, déclenchent chez beaucoup de personnes des recherches de "certitudes", des appels à l'ordre ou au chef, une attirance pour des "vérités" simplistes et manichéennes assénées par les extrémistes. Un engrenage se met en place, qui va du préjugé à la discrimination, de l'insulte dans la cour d'école aux pierres contre des bâtiments puis contre des hommes, de la peur à l'agressivité et à la violence, d'une croyance aveugle au rejet de l'Autre, des livres brûlés aux hommes gazés. Pensons aux autodafés nazis et à la Nuit de Cristal. Avant même les insultes et les violences isolées puis collectives, tout commence, en chacun, par l'exclusion mentale de l'Autre différent, qui peut ouvrir la voie à son exclusion sociale puis institutionnelle et enfin parfois physique.

Autrement dit, des processus psychologiques, sociaux et politiques s'enclenchent et se combinent, qui conduisent des pensées aux mots, aux discriminations et aux agressions de plus en plus graves.

Des idéologies extrémistes nourrissent ces dynamiques et peuvent prendre la démocratie en tenaille. De même que la peur du communisme a poussé des "modérés" à certaines alliances avec les nazis, de même aujourd'hui la peur de l'islamisme radical pousse certains vers l'extrémisme identitaire nationaliste. Et réciproquement d'ailleurs, le racisme nationaliste pousse ses cibles vers l'extrémisme islamiste identitaire. Une tenaille en miroir, en mâchoire qui peut broyer la démocratie.

Cette combinaison de mécanismes individuels et collectifs fonctionne aussi une fois l'extrémisme identitaire au pouvoir. Elle peut conduire une société et ses membres à aller bien au-delà des cibles initiales, contre tous ceux que le nouveau régime et ses affidés rejettent ou soupçonnent. C'est ainsi qu'au-delà de ses "cibles" juives et communistes affichées très tôt, le régime nazi, relayé par beaucoup d'individus, policiers, juges, médecins, bureaucrates, techniciens, persécuta les handicapés, les syndicalistes, les démocrates, les francs-maçons, les homosexuels…, et rechercha la soumission des femmes, des intellectuels, des artistes. Les religieux chrétiens ne furent pas épargnés car on oublie souvent que l'idéologie nazie se voulait initialement hostile à tout le judéo-christianisme porteur de valeurs jugées "femelles", voire "dévirilisantes" de tolérance, de fraternité et de respect de l'Autre. Bien que se croyant souvent à l'abri, chacun, soutien ou non du régime, se retrouve alors sous pression, dans l'insécurité, menacé dans ses libertés, dans sa vie ou dans celle de ses proches, souvent victime de l'arbitraire des délations et de l'enchaînement des persécutions. En tout cas, obligé de choisir entre une obéissance parfois criminelle, une passivité complice et une forme quelconque de refus ou de résistance.

UN RISQUE MAJEUR POUR LA DÉMOCRATIE : DES ALLIANCES OPPORTUNISTES

L'Europe des années 1930 nous livre, entre autres enseignements utiles au présent, deux repères forts lorsque l'Histoire hésite à nouveau :

– Le basculement vers un pouvoir autoritaire ou totalitaire peut arriver par des alliances avec des partis ou personnalités non extrémistes, sans même qu'une majorité soit nécessaire. Malgré les crises – économiques comme morales – qui provoquent l'ébranlement des repères collectifs, les crispations réactives et les peurs agressives ne concernent généralement pas une majorité de la population. Mais la passivité d'une majorité est la condition nécessaire pour qu'une minorité extrémiste s'impose, comme ce fut le cas avec le tiers des Allemands qui vota pour les nazis en 1932. L'on notera comme une alerte que ce "tiers autoritaire" semble se retrouver en d'autres lieux et en d'autres temps comme une réaction minoritaire mais puissante dans une période troublée. C'est une minorité parfois suffisante pour menacer vitalement la démocratie, selon le mode de scrutin et les alliances partisanes. Une partie du peuple, à la recherche de repères, proprement "déboussolée", peut ainsi élire légalement des régimes illégitimes. C'est aussi le moment où d'autres ne réagissent pas, notamment parce que la manipulation et l'inversion du langage interviennent puissamment pour brouiller les notions les plus fondamentales (par exemple aujourd'hui invention de la "démocratie illibérale", d'un nouvel "antiracisme raciste", d'un "antisexisme sexiste"...), gêner l'analyse objective et favoriser la passivité de ceux qui y sont portés.

Cependant, on ne soulignera jamais assez qu'une élection formellement légale ne donne pas pour autant une légitimité démocratique à un régime autoritaire. La démocratie est en effet un régime politique qui se caractérise aussi par des valeurs et des principes essentiels autres que l'élection libre au suffrage universel, et en particulier par le respect des principes constitutionnels et des droits et libertés (dont l'essentielle égalité devant la loi), d'une justice indépendante, de l'opposition, des minorités, des médias… Le pouvoir élu n'est donc légitime démocratiquement que s'il ne viole pas significativement les principes démocratiques et républicains. Dans le cas inverse, c'est alors un choix lourd pour chaque citoyen, mais aussi pour chaque institution, que de décider d'ignorer cette réalité antidémocratique pour se focaliser à tort sur l'élection et se comporter "normalement" avec les représentants du régime élu démocratiquement mais non démocrate.

– Si les résistances individuelles et collectives contre les extrémistes ou les fanatiques finissent toujours par être efficaces, elles arrivent souvent trop tard pour éviter de grandes tragédies avant leur victoire finale. Elles sont de plus en plus difficiles, voire sanglantes, au fil du temps et des emballements sociétaux peu maîtrisables. Confrontés à des échecs économiques ou sociaux, les pouvoirs autoritaires recherchent encore des boucs émissaires, les mêmes qu'avant leur prise de pouvoir, mais aussi tous les autres "mauvais citoyens". Des enchaînements individuels et collectifs peuvent transformer rapidement des sociétés et des hommes ordinaires en bourreaux, en complices, en victimes ; leurs dynamiques puissantes radicalisent les situations et peuvent même échapper à leurs acteurs initiaux dépassés par les interactions qu'ils ont enclenchées. En quelques mois seulement l'Allemagne nationale-socialiste a connu l'installation du pouvoir autoritaire, l'interdiction des syndicats et des partis, les premiers camps et, très vite, l'indifférence pour ceux qui disparaissent. C'est donc le plus tôt possible, lorsque les engrenages sont enclenchés, qu'une réaction ferme, individuelle, collective et institutionnelle, a le plus de chances d'être efficace et de prévenir des affrontements sanglants.

En plus de ces deux grands enseignements, on peut rappeler quelques autres leçons majeures qui nous paraissent utiles au présent :

– Pour se défendre légitimement, la démocratie prépare parfois involontairement des lois, un état d'esprit, des dispositifs, qui finissent par servir facilement, si elle échoue, à des extrémistes arrivant au pouvoir ; Vichy a ainsi trouvé les camps pour étrangers que la République avait institués, un "air du temps" déjà xénophobe, et le décret-loi sur les "indésirables" *(sic)* date du 12 novembre 1938. Tragique enseignement de l'histoire. Les démocrates doivent donc apprendre à défendre fermement la démocratie tout en prêtant la plus grande attention à un piège paradoxal qui peut se refermer sur elle : celui de la défendre avec des moyens antidémocratiques qui finissent par servir à ses ennemis.

– Les "progrès techniques" offrent aux passions humaines une puissance telle qu'il peut en perdre la maîtrise en des "embardées monstrueuses" dont la Shoah est le paradigme puisqu'elle doit son "efficacité" extrême aux outils techniques et bureaucratiques les plus modernes mis au service du pire. Il suffit de se demander ce que les nazis auraient pu faire avec des outils informatiques et des manipulations génétiques.

– Le mauvais sort fait aux minorités est le révélateur de maux profonds dans toute la société, et annonce des périls pour tous, par cercles concentriques, y compris pour ceux qui croient encore que l'arbitraire ne touche que les autres. Les racismes sont un cheval de Troie efficace contre la République et les libertés de tous. En Europe, c'est surtout l'antisémitisme qui a historiquement joué ce rôle de thermomètre et de baromètre des fièvres sociétales.

Mais attention, nous avons déjà ignoré cette dernière leçon, en fermant les yeux sur ce que la multiplication de graves violences antisémites depuis vingt ans annonçait pour toute notre société. Et maintenant croissent aussi les actes antimusulmans et se développent des "racismes à rebours", "antiblancs", "antioccidentaux" ou "antifrançais", encore marginaux mais qui alimentent l'engrenage des peurs, des haines et des extrémismes en miroir.

Ces poisons racistes et antisémites assassinent encore, menacent gravement le vivre-ensemble, et le droit de vivre tout simplement. Ils sont mortels aussi pour notre démocratie. Ils semblent retrouver de vieux chemins bien tracés dans les mémoires, ou ils en creusent de nouveaux, avec une inventivité toujours renouvelée. Fausses informations et complotisme en font leur miel.

Des résistances qui montrent l'exemple

Pour être juste avec le passé et ses enseignements, il faut aussi souligner que, au cours de tous les génocides, de nombreuses personnes, femmes ou hommes de tous origines, âges et professions, ont agi, sauvé, résisté, chacun à leur manière, avec discrétion, et le plus souvent de façon efficiente. Au cœur de la Seconde Guerre mondiale et de ses horreurs multiples, de telles personnes ont prouvé la capacité humaine de dire non à l'inacceptable, de trouver dans la conscience morale, dans l'éducation, dans l'expérience et la mémoire collectives, les raisons, sinon les réflexes, de l'humanité envers son prochain. Parmi eux, il y a les "Justes parmi les Nations*" reconnus après la guerre par Israël, et tant d'autres sauveurs non officiellement reconnus. Dans toute la France et dans toute l'Europe, des Justes se levèrent et agirent, des hommes et des femmes, souvent restés dans l'ombre, se sont défendus ou ont tendu la main à leurs semblables persécutés. C'est cette résistance individuelle et collective qui met en

* Le concept de "Juste parmi les Nations" est emprunté à la littérature talmudique : "Qui sauve une vie sauve l'humanité tout entière." Le mémorial Yad Vashem (à Jérusalem) décerne ce titre aux "personnes qui ne sont pas juives et qui, pendant la Seconde Guerre mondiale et la Shoah, ont aidé des juifs en péril, en prenant des risques pouvant aller jusqu'à la mort, sans recherche d'aucun avantage".

place des filières de sauvetage, notamment pour les enfants, qui organise la fabrication de faux papiers afin d'échapper à la traque des bourreaux, qui constitue des réseaux de résistance armée. C'est le cas de la résistance des juifs, longtemps méconnue, engagés par milliers dans ces réseaux tandis que plus d'un million et demi d'entre eux ont servi dans les armées alliées, souvent comme engagés volontaires. C'est aussi la poursuite de pratiques religieuses, éducatives ou culturelles, parfois dans les camps eux-mêmes, ou le simple refus, quelquefois, de pratiques discriminatoires dans le quotidien de son milieu professionnel ou de l'espace public*.

Parmi les innombrables actes de courage et de sauvetage qui ont eu lieu dans toutes les situations génocidaires, voici quelques cas "d'actes justes", comme autant de petites lumières dans la nuit de l'inhumanité quotidienne.

* À titre d'exemple, au cœur du Camp des Milles et de l'engrenage vers la barbarie dont il fut l'un des rouages, la culture et l'art trouvèrent une place éminente. Malgré les privations et le manque de moyens, la production artistique y fut remarquable par sa diversité et son ampleur, parfois marquée par l'ironie, cette "politesse du désespoir" (voir Annexe 1).

Ces hommes et ces femmes sont des exemples. Ils nous montrent le chemin du courage pour agir aujourd'hui. Il n'y a pas si longtemps en effet, la mémoire des tragédies du XXe siècle était rappelée pour contribuer à ce que le futur ne les reproduise pas. Mais désormais, c'est le présent que la mémoire doit aider à comprendre*.

* Ainsi, à l'ouverture du site-mémorial du Camp des Milles en 2012, la section réflexive du parcours muséographique s'appelait "Mémoire pour demain", du nom générique de grandes actions mémorielles que ses initiateurs avaient menées dès 1992. Mais, de façon aussi forte qu'inattendue, demain est très vite devenu aujourd'hui. Et nous avons changé l'intitulé de la section : "Mémoire pour aujourd'hui".

"Le pasteur Henri Manen et le gardien Auguste Boyer ont hébergé plusieurs internés juifs, après avoir facilité leur évasion du Camp des Milles."

"Frodouald Karuhije, maçon hutu, cache des Tutsis chez lui pendant plus d'un mois et leur sauve la vie."

"Les frères Bielski, grands résistants juifs polonais, sauvent 1 200 juifs en les cachant en pleine forêt et en les protégeant militairement."

"Des sœurs franciscaines demandent à partager la vie des Tsiganes dans le camp de Montreuil-Bellay."

"La famille Vaséli, musulmane, accueille une famille juive pendant toute la guerre."

"Le chef d'un village turc sauve un enfant arménien et l'élève alors comme son propre fils."

"Max Ernst organise à Paris l'exposition « L'art allemand libre ». En 1939, il est interné au Camp des Milles."

Quelques cas parmi les milliers d'"actes justes" de résistance et de secours dans tous les génocides.

CHAPITRE 2

POUR AGIR AUJOURD'HUI

L'histoire hésite à nouveau

Empêcher que le monde ne se défasse.

ALBERT CAMUS, discours du 10 décembre 1957 pour la remise de son prix Nobel de littérature.

"La Victoire en déchantant !", voilà ce qu'écrivait au nid d'aigle d'Hitler le 8 mai 1945, jour de la fin de la guerre contre le nazisme, un soldat des Forces françaises libres, avant d'aller sabler dans les caves d'Hitler le champagne français de la victoire tant attendue… En référence ironique au chant patriotique alors bien connu *La Victoire en chantant* ! Il était déjà conscient que ce grand jour n'était qu'une étape dans le combat sans fin pour la défense des droits humains, et que les conditions fondamentales qui avaient produit le monstre du nazisme étaient toujours vivaces et menaceraient encore : crises et injustices sociales, besoin de repères forts, crispations identitaires, préjugés antisémites et racistes, soifs de dominations politiques ou géostratégiques…

Ce soldat avait vu juste dans cette vision prospective, comme dans son engagement volontaire contre le nazisme. Car aujourd'hui ces fléaux sont à nouveau autour de nous, certaines inégalités et injustices se creusent, les extrémismes, l'antisémitisme et les racismes prospèrent sur ce terreau, et la paix, intérieure et extérieure, en est de nouveau menacée.

Depuis plusieurs années en effet, notre pays, comme bien d'autres, est attaqué par la violence islamiste et, plus largement, menacé par la montée des extrémismes identitaires. L'assassinat en 2012 des enfants juifs de Toulouse et de leur enseignant comme celui des militaires de Montauban et Toulouse n'ont pas soulevé l'émotion ni l'attention qu'ils méritaient. C'est donc le mois de janvier 2015 qui marque le surgissement douloureux aux yeux de tous de l'extrémisme djihadiste. Sur fond de montée des racismes et des intolérances contre les Roms, les juifs, les Arabes, les Noirs, les “Blancs”, les homosexuels…, le terrorisme islamiste a frappé durement notre pays et sa démocratie, prenant pour cibles bien choisies des journalistes et la liberté d'expression, des policiers et l'ordre républicain, des juifs et leur droit de vivre une différence jusque-là bien intégrée. Ces attentats faisaient suite à un doublement des violences antisémites en 2014, et précédaient une augmentation nette de l'hostilité et des amalgames contre les musulmans. Le formidable sursaut collectif du 11 janvier 2015 marqua l'affirmation forte et paisible, mais évidemment ponctuelle, d'un peuple majoritairement inquiet et néanmoins déterminé à défendre ses valeurs. Et puis il y eut les horreurs du 13 novembre 2015…

Il faut vaincre le terrorisme en le combattant militairement tout en écartant la domination de la peur qui ferait sa victoire. Mais il faut aussi lutter contre l'engrenage des réactions racistes, antisémites et xénophobes qu'il nourrit et qui le nourrissent, sur fond de frustrations sociales et économiques à traiter elles aussi. C'est un véritable étau qui menace la République prise entre deux extrémismes identitaires puissants : l'islamisme violent et l'extrémisme nationaliste. Celui-ci avance dans les urnes et dans les esprits, et les services spécialisés français déjouent régulièrement des attentats, tandis qu'aux États-Unis par exemple c'est cette mouvance nationaliste et suprémaciste qui en commet le plus grand nombre et qu'en Allemagne, l'extrême droite constitue "la plus grande menace pour la sécurité du pays*".

Le rôle de l'éducation est alors majeur pour desserrer la tenaille et transmettre les clés de compréhension, de vigilance et d'action que fournit le recul du passé et des sciences de l'homme. Cette connaissance montre jusqu'où peut mener l'engrenage et comment il y conduit. Elle illustre aussi les capacités de résistance et ses nombreuses modalités. La victoire de la peur et du chaos n'est donc pas inéluctable, surtout lorsque la prise de conscience collective commence à peine.

Il nous faut donc faire le pari volontariste que la compréhension et la déclinaison des ressorts de cette expérience du pire

* Déclaration de Horst Seehofer, ministre (conservateur) de l'Intérieur, le 4 mai 2021.

peuvent aider à en prévenir, ou au moins à en combattre les retours, plus tôt et plus efficacement.

Parmi les outils pédagogiques développés dans ce sens, nous nous appuierons ici sur un indice d'analyse et d'alerte construit et développé à partir des processus mis au jour par la recherche scientifique à partir de l'expérience tragique du XXe siècle.

LA DÉMOCRATIE SUR UNE LIGNE DE CRÊTE : L'INDICE D'ANALYSE ET D'ALERTE RÉPUBLICAINE ET DÉMOCRATIQUE (AARD)

Le travail scientifique pluridisciplinaire effectué repose largement sur l'idée que l'engrenage jusqu'au crime de masse suit un processus dont il est possible de distinguer les principales étapes à partir de l'expérience historique. Ce processus historique est synthétisé ci-après dans un "schéma récapitulatif des trois étapes du racisme au crime de masse", qui reprend les éléments présentés au chapitre précédent et qui sert de base à l'indice AARD*.

* Le travail scientifique d'ensemble a été mené en vue de l'élaboration de la muséographie du site-mémorial

Pour une meilleure compréhension, nous avons schématisé ici le processus décrit au chapitre précédent sous la forme d'un "arbre couché" composé de mots-clés caractérisant chaque étape à partir des racines du "terreau". Ce schéma permet à chaque citoyen, dans ce type de situations, d'identifier l'étape en cours et de réagir à temps s'il le souhaite, en particulier dans les débuts de la spirale.

Le but didactique et pédagogique de ce schéma est de présenter de façon dynamique cet engrenage résistible en disposant graphiquement la succession des termes, notions ou concepts qui le construisent. Ainsi, par exemple, le "terreau" est-il caractérisé par la présence, quasi structurelle, de tensions liées à la diversité du corps social, et de "stéréotypes" ou de "préjugés" à caractère raciste et antisémite.

Cette arborescence essaie de montrer aussi la complexité des chemins possibles

du Camp des Milles et poursuivi après son ouverture (voir note en page 28 et Annexe 1). Sur cette base, l'indice AARD en particulier a été opéré pour la Fondation du Camp des Milles par Philippe Mossé, directeur de recherche émérite au CNRS, en lien avec l'équipe du pôle Formation, Éducation, Recherche de la Fondation. Qu'il en soit remercié aussi pour sa contribution à cette présentation de l'indice.

(notamment en fonction des résistances) tout en restant accessible. Compromis toujours difficile entre complexité du réel et simplification pédagogique.

En outre, dans le contexte actuel de montée des extrémismes identitaires, il nous a semblé utile pédagogiquement de compléter l'analyse scientifique qualitative schématisée ci-dessous par une évaluation chiffrée de l'évolution de la société française sur cette question. C'est le but essentiel assigné à l'indice AARD présenté ci-après.

De manière cohérente par rapport aux analyses scientifiques qui le fondent, cet indice repose sur une approche pluridisciplinaire et multifactorielle (voir Annexe 1). Il fallait donc conserver cette pluralité tout en faisant en sorte qu'elle converge vers un indice unique et lisible. C'est pourquoi l'essentiel du travail de fabrication de l'indice a consisté à choisir, colliger et combiner des données quantifiées correspondant aux principales notions, de natures différentes, caractéristiques du processus.

Il en résulte que l'indice, son niveau à un moment donné et son évolution dans le

TROIS ÉTAPES DU RACISME AU CRIME DE MASSE

SCHÉMA RÉCAPITULATIF DU PROCESSUS

*La convergence des résistances est efficace : préventive, morale, pratique, humanitaire, intellectuelle, artistique, armée.

Quelques éléments clés ne sont indiqués qu'au moment où ils apparaissent alors qu'ils continuent à jouer un rôle dans la suite du processus.
Ex. : racisme, minorité extrémiste agissante, manipulation du langage...

UN ENGRENAGE AUQUEL

Schéma récapitulatif du processus historique résistible qui peut conduire des préjugés au crime de masse.

ÉTAPE 2**

De la démocratie au régime autoritaire

ÉTAPE 3

L'extension des persécutions et des menaces contre tous

**Cette étape est caractérisée par deux séquences avant et après un glissement ou un basculement politiques majeurs vers un régime autoritaire ou hybride.

ON PEUT RÉSISTER

temps ne sont pas conçus pour être l'acmé ni, *a fortiori*, l'aboutissement de la discussion sur la réalité des phénomènes mesurés. Au contraire, l'indice et son mode d'emploi sont construits pour faire avancer la réflexion et le débat. En effet, les initiateurs et responsables scientifiques du projet d'indice sont loin de l'idée, que nous avons même parfois combattue sur le plan épistémologique, de sacraliser le chiffre ou la quantification dont nous ne connaissons que trop les limites et les biais possibles. Nous nous étions promis d'ailleurs de ne publier cet indice que s'il faisait apparaître une évolution suffisamment significative pour ne pas dépendre des marges d'erreur propres à ce type d'exercice. Au vu des résultats très nets de ce travail, il nous est apparu que cet outil présentait une efficacité pédagogique et un potentiel heuristique suffisants pour pouvoir remplir son rôle souhaité de complément des analyses qualitatives déjà longuement construites à la Fondation du Camp des Milles (voir Annexe 1).

Il s'agit donc finalement de rendre ici plus aisée, en l'objectivant autant que faire se peut, l'appréciation des dangers qui menacent dans la durée la démocratie et la

République, afin d'y adapter les moments et les formes des résistances nécessaires, celle des pouvoirs publics comme celle de la société civile et de chaque citoyen, garant ultime de la démocratie.

Une pluralité d'objectifs liés pour une méthodologie multifactorielle

La construction de l'indice poursuit quatre types d'objectifs complémentaires et qui, partiellement, se superposent.

Le premier est d'ordre scientifique. Il consiste à montrer que le schéma récapitulatif peut se traduire en un indicateur unique à la fois rigoureux et lisible, à même d'informer et éventuellement d'alerter les citoyens sur une montée des périls. C'est le caractère à la fois pertinent et dynamique de l'approche méthodologique globale qui est ici partiellement à l'épreuve.

Le deuxième objectif est technique. Il s'agit en effet de sélectionner et d'utiliser des données existantes, mais éparses. Ce travail demande d'explorer un ensemble de sources hétérogènes dont il faut s'assurer de la fiabilité. De plus, l'indice devant être calculé pour des périodes différentes, il est nécessaire d'avoir des garanties quant à la disponibilité et la comparabilité dans le temps long des données ainsi sélectionnées.

En lien avec les deux objectifs précédents, l'indice poursuit surtout un objectif qui peut être qualifié de pédagogique. Il doit en effet fournir une information quantifiée et synthétique sur la situation française vis-à-vis de phénomènes sociaux complexes. Or il va de soi que de tels phénomènes ne peuvent être réduits à un chiffre aussi rigoureusement élaboré soit-il. Dès lors, il devient pédagogiquement important de fournir des informations précises sur la manière dont l'indice a été construit, sur ce qu'il recouvre, sur son mode d'emploi et donc sur les limites de son usage. C'est la condition pour que l'indice soit l'occasion d'un débat éclairé sur les réalités évolutives ainsi mesurées.

Cet objectif pédagogique se double donc d'une finalité citoyenne, puisque, à l'occasion notamment d'échéances politiques (élections, etc.), l'indice vise à informer sur la dynamique des dangers qui guetteraient la démocratie. Cette visée repose sur l'hypothèse selon laquelle, une fois informé ou averti, le citoyen-électeur sera plus à même de se situer et de saisir les opportunités de résister à ces dangers.

Au service de ces objectifs, la méthode choisie est fondée sur une approche multifactorielle. Elle vise à élaborer un indice qui soit une combinaison, une synthèse d'indicateurs en nombre suffisant (pour rendre compte de phénomènes pluriels) mais pas trop nombreux (pour garantir la lisibilité des résultats).

Pour ce faire, une méthode en quatre phases a été mise en place.

La première phase a consisté à partir du schéma récapitulatif évoqué ci-dessus et à en faire une lecture analytique, c'est-à-dire à tirer de chaque étape deux ou trois notions clés significatives.

Pour chacune de ces notions, il a fallu ensuite trouver dans la masse hétérogène des données quantitatives disponibles, celles qui étaient pertinentes ("proxy" de la notion retenue), fiables (par exemple, origine institutionnelle, type Insee) et pérennes (continuité, stabilité de l'information).

La troisième étape a consisté à établir une base de données concernant huit indicateurs suivis sur une période assez longue pour permettre de montrer des évolutions significatives. Compte tenu de l'accessibilité des sources statistiques, l'année 1990 a été retenue comme point de départ.

L'indice AARD est ainsi le résultat de la combinaison de plusieurs indicateurs élémentaires. Afin de standardiser les indicateurs, toutes les valeurs "brutes" ainsi colligées ont été recalculées en base 100 en 1990.

Les indicateurs ont donc été choisis en fonction de leur capacité à traduire les notions clés sélectionnées dans le schéma au niveau du "terreau" comme à chacune des deux étapes qui mènent à la fin de la démocratie. L'étape 3 du processus (extension des persécutions sous régime autoritaire) n'est pas ici prise en compte, en cohérence avec les objectifs pédagogiques et citoyens du présent indice.

Les choix suivants ont été opérés selon un raisonnement qui part de la notion clé pour aboutir à un indicateur pertinent et accessible.

Terreau

1. Taux de chômage des jeunes de quinze à vingt-quatre ans
2. Nombre de bénéficiaires du RMI puis du RSA
3. Indicateur de tolérance (Sciences-Po-CNCDH)

Étape 1

4. Pourcentage de votes extrêmes aux élections
5. Nombre d'actes racistes, antisémites, antimusulmans et xénophobes (CNCDH)

Étape 2

6. Atteintes aux personnes (ministère de l'Intérieur)
7. Nombre de crimes et délits (ministère de l'Intérieur)
8. Occurrence des thématiques identitaire et sécuritaire dans les débats parlementaires

Sur la base de ces éléments, et pour parvenir aux données correspondantes, des recherches et requêtes ont été effectuées notamment auprès des sources adéquates.

La dernière étape a consisté à calculer les taux d'évolution de chaque indicateur (base 100 en 1990) et à en faire la somme pour parvenir à une valeur de l'indice pour chacune des années retenues. Ainsi, l'indice a été calculé pour chaque année de 1990 à 2020 en faisant la somme des valeurs des indicateurs.

Les résultats montrent une évolution constante et inquiétante qui situe la France à l'étape 2 du processus, mettant la démocratie sur une ligne de crête.

On trouvera ci-après les résultats présentés sous la forme d'une courbe correspondant à l'évolution, en base 100 en 1990, de la valeur annuelle de l'indice AARD.

Il y apparaît que la tendance d'évolution de la montée des périls, telle qu'elle est mesurée par l'indice, est très significative depuis 1990.

Mais pour dépasser ce simple constat, en lui-même intéressant, il est nécessaire de revenir au schéma auquel il est adossé.

Celui-ci permet de situer la France dans le continuum que le schéma historique présente graphiquement depuis le "terreau" jusqu'à l'étape 3. Le résultat global lui-même ne permet évidemment pas de dire si un "score" de 428 (en 2020) signe

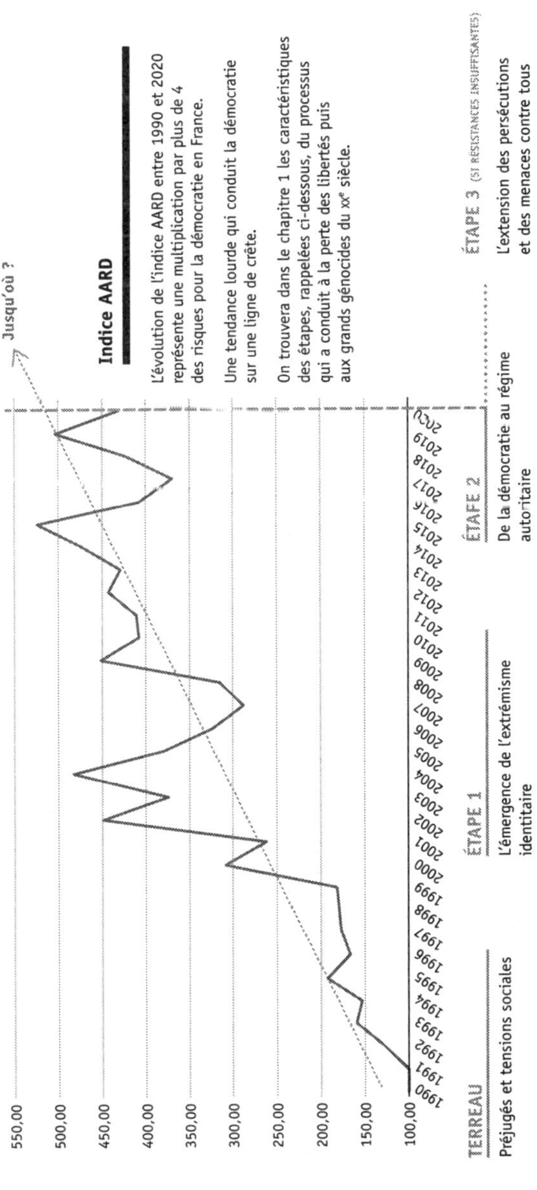

Évolution de l'indice d'analyse et d'alerte républicaine et démocratique (AARD) depuis 1990.

la place de la France au sein ou à l'orée d'une étape donnée.

En revanche, chaque indicateur a été construit pour représenter une étape précise. Logiquement, on devrait donc trouver une augmentation des premiers indicateurs comme préalables chronologiques à l'augmentation des suivants.

De ce point de vue, l'indicateur n° 1 (chômage des jeunes) connaît une stabilité assez remarquable depuis le début des années 1990. Plus que d'un terreau, cet indicateur est donc une sorte de socle. En revanche, le nombre de bénéficiaires du RSA augmente régulièrement. Il traduit à la fois une croissance des inégalités, la capacité de la société à les amortir et, enfin, le risque de stigmatisation des populations concernées. Cet indicateur confirme l'idée selon laquelle les composants du terreau lui-même peuvent évoluer et faciliter le passage à l'étape 1. Face aux évolutions de ces deux premiers indicateurs caractérisant le terreau, le troisième, l'indice de "tolérance", a évolué dans un sens favorable, c'est-à-dire vers relativement plus de tolérance. Ici, une brève analyse qualitative s'impose car cette moyenne cache en réalité une polarisation de la population française. En son sein, et surtout depuis les premiers attentats, l'écart se creuse entre ceux dont la tolérance diminue et ceux dont celle-ci s'accroît en même temps que la conscience et l'acuité des problèmes. Mais il n'a pas été possible de quantifier correctement ce phénomène.

L'étape 1 est définie ici par deux indicateurs, les extrémismes politiques et les actes à caractère raciste. Il apparaît clairement que l'indicateur n° 4 (montée des extrémismes politiques) augmente de façon spectaculaire sur la période (passant de 100 en 1990 à 226 en 2020) ; cependant, cette évolution est difficile à retracer car, faute d'élection annuelle, la plupart des données ont été "intrapolées" ou "extrapolées".

Le "nombre d'actes racistes" (indicateur n° 5) lui aussi augmente de façon irrégulière et à la fois plus marquée et plus inquiétante. En effet, les chiffres de la CNCDH montrent qu'un saut quantitatif s'est produit au début des années 2000. Ainsi, entre 1995 et 1999 la moyenne de cet indicateur est de 302, alors que, entre 2000 et 2004, cette moyenne s'élève à 701. On peut donc considérer, sur la base de cet indicateur, que le passage de l'étape 1 à l'étape 2 aurait été franchi autour du tournant des années 2000.

L'étape 2 est d'abord caractérisée par l'aggravation des agressions de type raciste – confirmée par l'indicateur n° 5 – ainsi que par la montée de la violence au-delà des seules populations victimes de racisme. Certes, les "crimes et délits" obéissent à des logiques sociales diverses, mais leur évolution traduit l'existence de tensions objectives. De plus, ces crimes et délits sont aussi le ferment du "sentiment" d'insécurité, lequel peut, à son tour, provoquer des réactions plus ou moins rationnelles.

La notion de "crimes et délits" est présente dans deux indicateurs (n° 6 et n° 7).

À noter que l'indicateur n° 6 "atteintes aux personnes" augmente de façon assez régulière depuis 1990 (100) jusqu'en 2019 (1 004), soit une multiplication par 10, tandis que l'autre indicateur (crimes et délits) est plus stable.

Convertis en lecture sous forme d'étapes, ces deux indicateurs sont donc tout à fait significatifs d'une tendance à la montée des violences qui, dans le schéma, signe l'étape 2.

Concernant la suite de l'engrenage tel qu'il est décrit dans le schéma, au sein et au-delà de l'étape 2, il apparaît que la traduction institutionnelle des dérives sociétales n'a pas (encore ?) eu lieu. L'indicateur n° 7 (ampleur de la préoccupation des questions sécuritaires au sein des débats parlementaires) ne suit pas une tendance claire, peut-être simplement parce qu'il s'agit de sujets permanents dans les décennies concernées et qu'ils nourrissent les discussions politiques sans lien nécessaire avec les évolutions sur le terrain.

En conclusion, et comme l'indiquent la courbe et la droite en pointillé qui matérialise la tendance de long terme, celle-ci reste significativement et fortement croissante, montrant une multiplication par plus de 4 des risques pour la démocratie en France depuis 1990 (indice 100). Il s'agit d'une tendance lourde, concernant une période de trente ans au moins.

Pour l'année 2020, la valeur de l'indice AARD est de 428. Il connaît donc une baisse significative par rapport à l'année 2019 (501). Cette évolution favorable tranche avec les deux années précédentes qui avaient été caractérisées par une remontée de l'indice. La baisse de l'indice pour cette année si particulière que représente 2020 (pandémie) ne concerne pas les indicateurs socio-économiques retenus, dégradés du fait de la pandémie, mais d'autres indicateurs et notamment le nombre d'"actes racistes, antisémites, xénophobes et antimusulmans" qui reste toutefois plus de dix fois plus élevé qu'en 1990. On peut raisonnablement avancer que deux phénomènes complémentaires, eux aussi liés à la pandémie et aux confinements, expliqueraient cette baisse. D'une part, il est possible que le nombre d'actes délictueux, criminels ou racistes ait réellement baissé du fait des confinements, et, plus généralement, de la restriction des libertés de déplacement et de la multiplication des contrôles tout au long de l'année. D'autre part, le travail de signalement ou de recension a pu être perturbé autant du côté des citoyens que de celui de la gendarmerie ou de la police.

Au vu des évolutions différenciées des huit indicateurs, il est possible de considérer que l'étape 1 du schéma récapitulatif a été franchie au début du millénaire et que les années 2014-2015 situent la France dans la première séquence de l'étape 2 du processus, celle qui ouvre la possibilité d'une évolution politique ou institutionnelle vers l'instauration d'un pouvoir autoritaire. Cette entrée dans l'étape 2 est caractérisée, on le rappelle, dans les processus historiques analysés, par une perte de repères, une forte demande d'autorité, des questions identitaires dominantes, des extrémismes en "miroir", des institutions attaquées et ébranlées, un rejet des élites, un développement des désordres et des agressions, des pouvoirs débordés et des possibilités de provocations destinées à accélérer le processus.

Autre point essentiel : les analyses quantitatives du processus confirment que la résistance à l'engrenage antidémocratique est possible. La baisse de l'indice pour les années 2016 et 2017 mesure l'effet d'une telle résistance après les terribles attentats de 2015 : celle des pouvoirs publics, sécuritaire et idéologique, notamment contre le racisme, l'antisémitisme et la xénophobie, mais aussi la non-instrumentalisation des attentats par la plupart des hommes politiques, et certainement la résilience et la maturité du peuple français refusant les amalgames mortifères. Les grandes manifestations du 11 janvier 2015 en furent une forte illustration.

Ce recul de l'indice – qui nous a surpris après de tels attentats –, et du risque antidémocratique qu'il traduit, montre aussi qu'il est important, d'une part, que le discours et l'action politiques ne jouent pas sur les peurs et le rejet de l'Autre, que, d'autre part, la parole et l'action des pouvoirs publics apportent des repères clairs, et enfin que la société civile se positionne et s'implique.

La mobilisation collective de 2015 a probablement empêché le développement d'un processus très dangereux. Sans elle, l'expérience historique montre qu'une majorité passive peut laisser se développer un processus porté par une minorité extrémiste déterminée et violente. Ainsi, s'appuyant sur la tendance lourde que traduit la courbe trentenaire, et sur la puissance émotionnelle des attentats, une dynamique de polarisation identitaire aurait pu conduire à la stigmatisation de tous les musulmans et au développement d'un processus de radicalisations réciproques et de grande conflictualité.

L'indice est remonté depuis et il demeure que la démocratie est aujourd'hui sur une ligne de crête ascendante où tous les acteurs comptent – par leurs actes ou leur passivité – pour éviter le basculement ou au contraire pour laisser la paix civile à la merci des extrémistes*.

DES RÉGIMES AUTORITAIRES OU "HYBRIDES" UTILISENT LA DÉMOCRATIE POUR EN AFFAIBLIR LES PRINCIPES

Dès le XIXe siècle, la libéralisation de sociétés autrefois soudées par la religion ou la monarchie a suscité dans certains milieux une perception inquiète de la vitalité

* Une application de l'indice AARD aux États-Unis d'Amérique a été initiée en coopération avec une équipe de l'université de Yale. Cette démarche de recherche conjointe sert de base méthodologique à l'application de cette approche à d'autres pays notamment européens. Conformément aux missions de la Fondation et de sa chaire Unesco, la finalité de ces travaux comparatifs est d'alimenter, de mutualiser et de "contextualiser" la réflexion sur les dangers antidémocratiques et sur les actions susceptibles d'y faire face (voir Annexe 1).

démocratique. Au XXe siècle, le nazisme, le fascisme et le stalinisme se sont présentés comme des "remèdes" au risque de fragmentation de la société démocratique, imposant pour y répondre une idéologie et un endoctrinement totalitaires, un parti unique et un culte du chef. Le slogan nazi *"Ein Reich, ein Volk, ein Führer"* ("Un empire, un peuple, un guide") martelait ainsi trois "repères" simplistes et forts.

Mais l'histoire a montré tragiquement que tenter de résoudre les difficultés sociétales par un "ciment" imposé, national, social ou religieux ne fait qu'aviver les tensions, en nourrissant une spirale d'enfermement, d'intolérance, de réactions et souvent de violences. Rapidement, une cohésion nationale est recherchée par la désignation artificielle d'ennemis intérieurs ou extérieurs, que l'on accuse d'être responsables des difficultés rencontrées.

Après la tragédie du nazisme, la victoire de la démocratie et la reconnaissance des droits de l'homme par les Nations unies conduisent plusieurs gouvernements, même non démocratiques, à s'en revendiquer. Ce fut le cas de certains régimes du bloc soviétique masquant le totalitarisme sous le nom de "démocraties populaires".

Il en est de même de l'utilisation – souvent non pertinente – de la notion de République. Pensons seulement à la "république" d'Iran.

Aujourd'hui, entre démocratie et autoritarisme, l'émergence de "régimes hybrides", à tendance autoritaire, est d'autant plus dangereuse qu'ils incarnent une menace plus discrète : celle d'un affaissement progressif de la démocratie au prétexte de circonstances ou de menaces particulières, comme l'immigration. Souvent même en prétendant défendre la démocratie elle-même, comme un hommage du vice à la vertu. Il est manifeste que des pays de plus en plus nombreux en Europe ou ailleurs ont déjà basculé par les urnes dans de tels régimes.

La démocratie peut aussi être remise en cause ouvertement par des choix politiques délibérés contestant certains de ses principes au nom d'une spécificité idéologique, sociale, religieuse ou culturelle. L'Afghanistan des talibans en est probablement le dernier exemple.

En parallèle, ne voit-on pas que le terrorisme conduit et habitue de grandes démocraties au renforcement de leur appareil répressif et qu'il peut jouer le rôle contextuel essentiel qui fut celui des guerres dans les processus conduisant à l'autoritarisme ? On peut facilement anticiper que, dans un tel contexte institutionnel dégradé, des attentats ou d'autres provocations bien calculées peuvent jouer le rôle déclencheur de l'incendie du Reichstag ou de l'avion abattu du président rwandais.

Face à ces risques de dérive autoritaire, la vigilance et la "vertu" du citoyen constituent le principal rempart. Mais cela impose à celui-ci de savoir reconnaître une démocratie, par-delà l'idée reçue selon laquelle la démocratie serait seulement une procédure qui donne la liberté de voter à tous les citoyens. Si l'élection était le seul critère, le régime nazi devrait être considéré comme démocratique puisqu'il est issu des élections libres de 1932 ! En plus des élections libres, des critères essentiels et moins largement connus ont été établis par l'histoire et le droit : garantie des droits et libertés fondamentaux (liberté de conscience, liberté d'expression et de presse, liberté d'association, droits politiques, sociaux et économiques…), égalité des citoyens devant la loi, multipartisme, respect des minorités. Des contre-pouvoirs indépendants et la séparation des pouvoirs (exécutif, législatif et judiciaire) sont aussi des critères décisifs car, selon Montesquieu, "il faut que, par la disposition des choses, le pouvoir arrête le pouvoir" car "tout homme qui a du pouvoir a tendance à en abuser" (*De l'esprit des lois*, 1748).

Cependant, même les plus grandes démocraties peinent à se conformer à l'idéal qu'elles recherchent. Et les critères de fond et de forme d'un régime démocratique ne sont pas souvent pleinement atteints du fait en particulier d'inégalités persistantes, de problèmes sécuritaires, d'une autonomie menacée du pouvoir judiciaire, d'un manque de contrôle sur des pouvoirs non élus, technocratiques, financiers ou mafieux, d'une corruption mal maîtrisée… N'oublions pas cependant que Churchill, défenseur acharné des démocraties face au nazisme, estimait que "La démocratie est le pire des régimes à l'exception de tous les autres" dans son discours du 11 novembre 1947.

Rumeurs et complots : un accélérateur des peurs et des haines

Pour vivre et assurer la paix civile par le dialogue, la démocratie a besoin de raison y compris dans les oppositions ou les conflits légitimes qu'elle doit réguler. Elle est donc menacée vitalement par le complotisme et les pseudos "vérités alternatives". Si le complotisme préexiste à l'apparition des moyens modernes de communication, il a pris depuis une vingtaine d'années, avec l'émergence d'Internet, des réseaux sociaux et des plateformes de vidéos en ligne, une dimension nouvelle, démultipliant comme jamais ses possibilités d'influencer des personnes de plus en plus nombreuses et notre imaginaire collectif.

Relevant d'une rhétorique accusatoire, les théories du complot se répandent aujourd'hui presque instantanément, usant notamment de fausses informations et de rumeurs infondées, jusqu'à parvenir parfois à concurrencer fortement les versions vérifiées des événements.

La vision conspirationniste du monde a gagné du terrain, c'est-à-dire la conviction que des puissances occultes tirent secrètement les ficelles de la politique, de l'économie ou des médias, manipulent l'opinion publique et trament de sombres complots contre le bien public. Bien qu'elle tente souvent de se parer d'un semblant de rationalité formelle, et se revendique du doute méthodique, cette vision relève en fait de la pensée magique ou de véritables biais cognitifs : par exemple l'idée que les coïncidences fortuites n'existent pas, que tout est secrètement lié, que les apparences sont toujours trompeuses, qu'il n'y a "pas de fumée sans feu" ou que ce qui arrive est *a priori* produit par ceux à qui cela profite.

Si le discours conspirationniste, par sa plasticité, est propre à pouvoir servir des intérêts politiques rivaux, certaines de ses cibles sont récurrentes. Ainsi, dans sa dénonciation de marionnettistes prétendument cachés dans les coulisses, le conspirationnisme mobilise très souvent un vaste matériel antisémite rendu facilement disponible par les nouveaux outils de communication. Certains concepts complotistes ont pris une ampleur considérable parmi lesquels la croyance en l'existence d'un "complot sioniste à l'échelle mondiale". En 2019, une enquête d'opinion a montré que 22 % des Français approuvaient ce mythe que l'on trouve logé au cœur du négationnisme, une doctrine antisémite apparue en 1948 qui affirme que le génocide des juifs pendant la Seconde Guerre mondiale serait un mensonge dans l'intérêt d'Israël et des juifs. Aujourd'hui, les théoriciens et passeurs, les complotistes et négationnistes, assument au grand jour leur compagnonnage et se présentent comme les seuls véritables et authentiques ennemis du mensonge, par une inversion du langage très classique dans les manipulations et les propagandes les plus anciennes. La pandémie est une nouvelle occasion de voir ce complotisme antisémite à l'œuvre. L'apparition de "Qui ?" dans certaines manifestations anti-pass sanitaire n'a pas tardé à être suivie par une liste de noms juifs jetés en pâture. Cette pratique semble avoir fait long feu, ce qui est encourageant, mais son surgissement est significatif*.

* Merci à Valérie Igounet pour sa contribution à ce passage sur les rumeurs et complots.

Les médias, entre apaisement et instrumentalisation

Dans notre contexte sociétal dangereux pour les droits et libertés comme pour l'ordre public, et en particulier dans les périodes d'accélération de l'engrenage, l'essentiel se joue et se jouera autant sur les faits eux-mêmes que sur la sélection que les médias en opèrent, la place et le rythme qu'ils leur donnent, les images qu'ils en montrent et les mots dont ils les qualifient.

Le rôle et la responsabilité des médias sont donc au cœur des processus enclenchés, psychosociaux, psycho-affectifs et sociopolitiques, c'est-à-dire en première ligne de la défense des valeurs démocratiques et de la paix civile. Ou de leur affaiblissement. Ce rôle des médias est encore plus décisif lorsque, comme actuellement, la démocratie est sur une ligne de crête, donc particulièrement vulnérable aux rafales médiatiques.

Cette place centrale fait évidemment de la médiatisation la cible stratégique des provocateurs et des manipulateurs ; on l'a vu par exemple dans les attentats terroristes comme celui de Madrid qui a probablement influé sur le résultat d'élections nationales proches, ou dans la “stratégie de la tension” pratiquée en son temps par l’extrême droite italienne notamment.

Le rôle essentiel des médias est bien repéré depuis longtemps face à tout événement sensible. Mais cette “habitude du rôle” peut tromper si elle leur fait ignorer la spécificité d’une situation particulièrement dangereuse aujourd’hui dont la dynamique tire largement sa force de la médiatisation. Les conséquences dépassent alors les impacts habituels, souvent ponctuels, pour favoriser un véritable processus mortifère de radicalisations et d’affrontements qui prépare les conditions d’un régime autoritaire. L’engrenage y est puissamment renforcé par l’écho que les médias donnent légitimement aux expressions politiques, elles-mêmes reflets de tendances conflictuelles. Tout dépend alors non seulement de choix éditoriaux sur le fond, mais aussi de manières de faire.

Les médias peuvent ainsi permettre une prise de recul ou au contraire, en “collant” trop à l’événement ou au buzz, faire le jeu des manipulateurs et des provocateurs face auxquels ils pourraient être les premiers remparts. On voit bien que certains balancent aujourd'hui entre ces deux pôles, avec un curseur qui reste souvent loin de l'apaisement des passions. Tandis que d'autres médias, à l'inverse, favorisent un recul éclairé, notamment dans leur traque aux *fake news*, ou dans l'organisation de débats sérieux et apaisés.

Cette problématique pose donc la question plus générale de l'adaptation nécessaire des pratiques – voire des stratégies – de tous les acteurs et responsables, y compris des médias, à une situation actuelle grave et atypique, inédite quant aux enchaînements redoutés, notamment en période préélectorale majeure.

Pour qui douterait du sursaut nécessaire pour l'équilibre démocratique, écoutons Patrick Calvar, directeur général de la sécurité intérieure le 10 mai 2016 à l'Assemblée nationale* : “Les extrémismes montent partout et nous sommes, nous, services intérieurs, en train de déplacer des ressources pour nous intéresser à l'ultradroite qui n'attend que la confrontation.

* www.assemblee-nationale.fr/14/cr-cdef/15-16/c1516047.asp.

Vous rappeliez que je tenais toujours un langage direct ; eh bien, cette confrontation, je pense qu'elle va avoir lieu [...] Pour être franc avec vous, je crains cent fois plus la radicalisation que le terrorisme. Avec le terrorisme, nous prendrons des coups mais nous saurons faire face – nous avons connu des événements très graves tout au long de l'histoire – ; mais cette radicalisation rampante qui va bouleverser les équilibres profonds de la société est à mes yeux beaucoup plus grave."

Mille manières de ne pas laisser faire

Qui ne s'est pas interrogé sur ce qu'il aurait fait dans les situations tragiques du passé, et surtout ce qu'il ferait demain si... ? Cette question devient évidemment plus aiguë lorsque l'on constate à nouveau une montée des périls. Une réponse peut commencer à être trouvée lorsque l'on constate que ces situations exceptionnelles, et en particulier les régimes autoritaires et les crimes de masse, voient émerger d'innombrables hommes et femmes qui résistent, qui sauvent, qui refusent les discriminations et les exclusions, qui restent debout face à la volonté de déshumaniser pour plus facilement assassiner. Ils attestent que la résistance est le refus, par des moyens variés, d'une réalité injuste, même présentée comme inévitable.

Il est très humain, au sens prosaïque du terme, d'appréhender parfois l'inconnu ou l'étrange comme étranger, inférieur ou dangereux. C'est une des explications de la tentation raciste, réduisant l'Autre à son appartenance à un groupe cible. Mais il est encore plus spécifiquement humain, au sens noble, de surmonter, dépasser cette approche et de considérer chacun pour ce qu'il est effectivement, dans sa complexité et son unicité, dans ses défauts et ses qualités, dans ses identités plurielles, dans la pluralité de ses groupes d'appartenance.

Chacun a donc une part de choix, et donc de responsabilité incontournable. Et si l'on peut faire et qu'on ne fait rien, silence et passivité deviennent vite complicité.

Confirmant cette possibilité de choisir, les formes de résistance à ces processus sont apparues comme nombreuses dans l'histoire, des plus modestes aux plus héroïques, que l'on agisse comme citoyen, comme responsable dans la sphère publique ou comme simple personne face à d'autres visages. Les actions des "Justes parmi les Nations" et des résistants, eux-mêmes si divers, en sont autant d'exemples admirables où dominent le courage et souvent l'inventivité. Plus largement, d'innombrables actes de résistance, maintenant bien documentés, ont ainsi eu lieu dans les processus génocidaires contre les Arméniens, les juifs, les Tsiganes et les Tutsis. Ces cas confirment que la résistance peut prendre des formes multiples, individuelles ou collectives, spontanées ou organisées, publiques ou clandestines. De la création artistique à la lutte armée, du bulletin de vote à la manifestation ou à la grève, du tract au sabotage, la résistance emprunte une infinité de voies aux issues incertaines, parfois même par pur principe car *a priori* désespérées.

L'acte de résistance peut être aussi l'expression d'une solidarité témoignée aux victimes de la répression ou de la persécution, par une main tendue, une porte ouverte, des actes très divers d'assistance et de sauvetage. Et il ne faut pas oublier l'efficacité possible du refus de faire, de la désobéissance, de la simple inaction. Ne pas exécuter un ordre inhumain, ne pas dénoncer la victime d'une injustice peuvent sauver des vies et sont aussi des actes de résistance.

L'histoire des crimes de masse témoigne ainsi d'"actes justes" innombrables au cœur de la barbarie. Qu'est-ce qu'un "acte juste" pour nous ? C'est un acte destiné à aider autrui ou à combattre une situation inacceptable dans un contexte de grand péril. Il a pour but de réagir à une injustice.

Ces actes désintéressés, individuels ou collectifs, peuvent être apparemment anodins, voire passifs, violents ou héroïques, un simple geste de soutien momentané, comme une action décisive de sauvetage ou de résistance armée. Ils sauvèrent des dizaines de milliers de vies durant les crimes de masse et constituèrent souvent des obstacles importants devant les politiques criminelles, avant que la situation puisse être parfois renversée par les armes.

Quel réconfort lorsque l'on travaille sur la barbarie que de découvrir ces cas si nombreux de fraternité et de courage face au mal ! Et de savoir que tant d'autres ont eu lieu mais ne seront jamais connus.

Comment ne pas vouloir transmettre leur message d'espoir en l'homme qui agit ? Car notre souhait profond est que le lecteur, le citoyen, ne soit pas écrasé par la méchanceté humaine. Et qu'il s'appuie pour cela sur les exemples forts de celles et ceux qui ont eu le courage de réagir, chacun à sa manière et à sa place. Les "actes justes" montrent à chacun, aux jeunes en particulier, qu'il n'est pas besoin d'être un Juste, un Saint ou un héros pour agir ou réagir. Bien entendu, les formes de l'action évoluent en partie avec l'époque. Aujourd'hui, cela se joue évidemment sur Internet mais aussi toujours par le vote, par l'action collective, dans les discussions avec des proches ou des collègues. Pour certains, l'action est aussi possible dans les fonctions qu'ils exercent, en particulier lorsqu'ils appartiennent à une chaîne hiérarchique qui, de dérives en lâchetés et en complicités, peut devenir une chaîne criminelle.

Les formes de résistance possibles sont multiples tout au long du processus. Leur convergence est efficace :

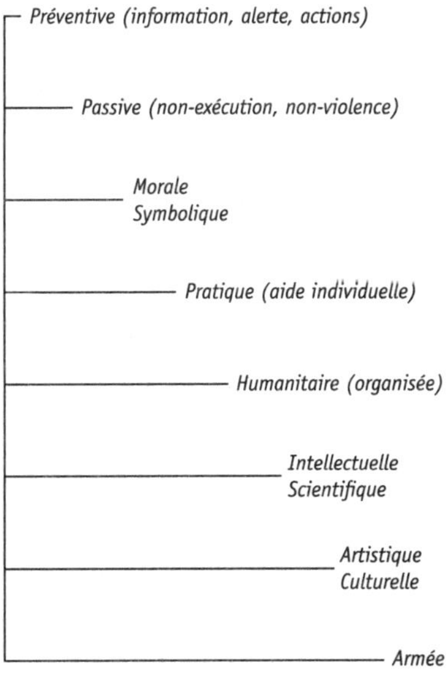

Diversité des formes de résistance face aux processus criminels.

Le mot résister doit toujours se conjuguer au présent.

Lucie Aubrac, résistante contre les régimes nazi et vichyste, puis militante pour la paix*.

Vous êtes contraints d'ordonner à vos gendarmes de chercher les Juifs. Toutefois, vous pourriez peut-être leur laisser entendre qu'ils ne sont pas obligés de les trouver.

Marc Donadille, cité dans son dossier de Juste, conservé à Yad Vashem.

* François Delpla, *Aubrac. Les faits et la calomnie*, Le Temps des cerises, Pantin, 1998, p. 171.

CHAPITRE 3

POUR AIMER DEMAIN

Des repères et des actes

Rêver, mais sans laisser ton rêve être ton maître
Penser sans n'être qu'un penseur.

RUDYARD KIPLING, extrait de *Si**

Le Chant des marais, chant des déportés, se termine par la strophe suivante :
"Ô terre enfin libre
Où nous pourrons revivre
Aimer"

Pour préparer un lendemain que l'on puisse aimer, pour pouvoir s'aimer

* *Si*, poème publié en 1910 dans *Rewards and Fairies*. Traduction par André Maurois dans *Les Silences du colonel Bramble*, Grasset, Paris, 1918.

demain, ne pense-t-on pas d'abord aujourd'hui aux graves sujets de l'environnement, du changement climatique, de la biodiversité en péril, des pandémies, à la nécessité d'approfondir la démocratie et en particulier la justice sociale ? Oui, tout cela devrait mobiliser nos pensées et nos énergies. Et pourtant, en plus de tous ces vrais combats tournés vers l'avenir, nous sommes confrontés dans l'immédiat à de dangereuses vagues extrémistes identitaires qui peuvent nous replonger rapidement dans le noir des souffrances déjà connues par l'humanité.

Devrait-on choisir alors entre tous ces combats ? Heureusement non, car ils sont liés entre eux. Il n'y a ainsi pas de développement durable sans démocratie et pas de démocratie aujourd'hui sans développement durable. Dit autrement, les reculs de la démocratie menacent partout l'effort écologique, et réciproquement, l'absence d'efficacité écologique peut provoquer des déstabilisations notamment économiques, migratoires, démographiques qui exacerbent les peurs identitaires et sapent encore la démocratie.

La question ne se pose évidemment pas seulement en France*. Sur la base de nos analyses précédentes mais aussi devant le terrorisme islamiste, les événements du Capitole, les dérives autoritaires en Europe, la puissance des nationalismes dans les plus grands pays du monde, en Russie, en Inde, en Chine, au Brésil…, comment ne pas craindre pour l'avenir de nos démocraties prises en étau entre des fanatismes religieux en expansion et des extrémismes politiques qui ont appris à avancer masqués ?

Jusqu'où iront les dynamiques de radicalisations et leur cortège de racismes, d'exclusions et de violences multiples, qui proposent, face à la complexité croissante du monde et aux déstabilisations durables, la peur, le repli sur soi et une compartimentation binaire de la société entre "eux" et "nous" ? Partout les démocraties sont aujourd'hui confrontées à des extrémismes

* Ainsi, la chaire Unesco "Éducation à la citoyenneté, sciences de l'homme et convergence des mémoires", pilotée par la Fondation du Camp des Milles, réunit autour de cette problématique un ensemble d'institutions mémorielles et universitaires d'une vingtaine de pays d'Europe, d'Afrique noire et d'Afrique du Nord, d'Asie et d'Amérique (voir Annexe 1).

nationalistes prompts au rejet de l'Autre et à des délires haineux qui envahissent de plus en plus clairement les pensées et les affects, peur contre peur, bonne conscience contre bonne conscience et parfois racisme contre racisme.

Si l'on analyse ces crispations identitaires comme provenant largement de déstabilisations et de pertes de repères anciennes et durables, alors demain doit être préparé aujourd'hui pour que nos enfants puissent l'aimer.

LE BESOIN DE REPÈRES FACE AUX CRISES ET AUX DÉSTABILISATIONS CONTINUES : ENTRE DANGER ET ESPOIR DÉMOCRATIQUES

Nous sommes dans une période longue marquée par le "brouillage" de beaucoup de règles et de repères "hétéronomes", extérieurs par définition, et souvent perçus comme "supérieurs" aux personnes concernées : repères moraux, religieux, idéologiques, juridiques, politiques, économiques, sociaux, familiaux... On peut même parler d'une tendance vers l'"anomie" dont l'Histoire et la sociologie connaissent les lourdes conséquences individuelles et collectives. Cette période est aussi marquée par des recompositions et restabilisations partielles, dans certains pays ou dans certains secteurs, mais celles-ci sont (encore ?) insuffisamment articulées pour composer de nouvelles cohérences d'ensemble. Les régulations régionales émergentes (par exemple en Europe ou en Afrique de l'Ouest), comme les coordinations globales, progressent trop lentement pour donner assez de sens et de cohésion et permettre de surmonter les déstabilisations en cours.

L'enjeu est fort car cette déstabilisation continue des règles et repères apparaît durable, voire structurelle. Elle est en effet le produit de tendances lourdes dont les deux facteurs principaux sont eux-mêmes structurels : l'accélération des changements et l'accroissement continu de la complexité. Ces deux phénomènes reposent sur le développement constant des interactions humaines et matérielles (parfois à l'échelle mondiale). Et ce développement a lui-même pour origine d'une part les technologies de communication et d'échange en expansion toujours plus rapide que la capacité humaine à les maîtriser, et d'autre part le développement continu des aptitudes – pratiques et cognitives – à l'autonomie individuelle et collective. Les effets déstabilisateurs de cette situation durable de "changement installé" se constatent dans l'ensemble des modes de régulation (social, juridique, politique, familial...) et de leurs niveaux d'action (centraux, intermédiaires, locaux), et donc sur de nombreux repères et règles individuels et collectifs.

Ils viennent se cumuler dans la durée avec les conséquences mieux connues des "crises", par définition passagères entre deux ordres stables, identiques ou non.

Ils conduisent beaucoup de personnes à douter de la politique que ces déstabilisations mettent en effet de plus en plus en difficulté face au sociétal et à la complexité des interactions globales et locales qui lui échappent largement. Cette impuissance croissante est largement perçue, et peut décourager ou jeter dans les bras de démagogues.

En outre, ces déstabilisations ne provoquent pas seulement un ébranlement ou une perte de beaucoup de repères. Elles produisent l'émergence d'un village planétaire largement inconnu dont les habitants bousculés se découvrent dans des échanges fructueux, mais aussi dans de terribles peurs et crispations identitaires, nationalistes, ethniques ou religieuses, qui se nourrissent les unes des autres.

Trois types de réactions à cette situation peuvent être distingués :

– Chez certains, face à l'incertitude et à l'instabilité durables, on peut observer, parfois dans des groupes sociaux entiers, une montée des angoisses collectives et un repli sur des références bien connues ou "de proximité" (rapports de force élémentaires, identités défensives allant du quartier au communautarisme ethnique, national ou religieux...). On constate aussi une recherche de repères forts (souvent dans le passé dont la "stabilité" rassure) et d'idées simples face à la complexité du réel, une désignation facile de boucs émissaires, des aspirations à l'autoritarisme et au chef dont les coups de menton et les grandes promesses sont aussi destinés à rassurer.

Ce constat interpelle et alerte. Les pouvoirs forts nazis et fascistes se sont eux aussi développés dans un contexte d'anomie et de déstabilisations des valeurs, conduisant beaucoup d'Européens vers les hétéronomies fortes que ces dictatures proposaient, et vers des repères identitaires réels ou fantasmés, brandis à nouveau aujourd'hui par des extrémistes dits "populistes".

– Chez d'autres – souvent moins fragiles économiquement ou psychologiquement –, la réaction est inverse. Cette déstabilisation des "repères extérieurs" est mise à profit pour produire leurs propres repères, développer des "autonomies", et permettre une "autoproduction" de règles et de repères, dans leur rapport à la famille, au travail, à leurs groupes d'appartenance, etc.

Ce mouvement vers l'autonomie, alimenté par les progrès continus de l'éducation pour tous, peut apparaître à la fois comme l'une des causes de la déstabilisation des ordres établis et comme l'une des solutions à ce problème. Mais il doit être surtout considéré comme un formidable progrès potentiel pour la démocratie, les libertés, la dignité de chacun et son pouvoir d'agir sur sa propre vie.

Il y a cependant au moins deux écueils importants sur ce chemin insuffisamment exploré de redynamisation et de coproduction de la démocratie : le long apprentissage collectif et individuel qu'implique la "difficile liberté" évoquée par Emmanuel Levinas ; et surtout la grande difficulté – connue dans l'histoire – à articuler les autonomies avec de nécessaires solidarités et des régulations communes.

– D'autres enfin balancent entre les deux postures précédentes, en fonction de l'acuité des crises ponctuelles plus que des évolutions ou déstabilisations structurelles. Ils peuvent venir grossir le premier groupe lorsque les crises et les peurs, notamment identitaires, s'aggravent. Ils peuvent aussi y résister si les repères démocratiques sont confortés par les démocrates, ou si, au contraire, ils sont trop durement attaqués pour que cela leur soit supportable. Les attitudes et comportements de ce groupe, dans la rue comme dans les urnes, souvent imprévisibles et sans lendemain, nous semblent aujourd'hui décisifs pour l'avenir des démocraties.

UNE MÉMOIRE RÉFÉRENCE COMME REPÈRE À CONSTRUIRE ET ENSEIGNER

L'expérience historique montre que chacun est directement et doublement concerné par l'intolérance ou l'arbitraire. D'abord parce que nul n'en est jamais à l'abri, comme le montre l'extrême diversité de ceux qui, chaque fois, furent persécutés, les uns après les autres. Ensuite parce que, on l'a vu, la résistance aux engrenages dangereux est possible, chacun à sa manière, comme l'ont illustré des hommes et des femmes les plus divers, utilisant les moyens les plus variés.

Aujourd'hui encore et probablement demain, les injustices sociales, les crises et déstabilisations multiples, les pertes de repères ouvrent grande la voie au développement des peurs, des crispations identitaires et des nationalismes, des extrémismes et des fanatismes, des racismes et des engrenages vers des régimes autoritaires et criminels. Et l'histoire nous apprend que les passions que charrient les racismes et l'antisémitisme sont difficilement maîtrisables. Le pari de notre approche est qu'elles peuvent l'être mieux à partir de la connaissance et de l'analyse du passé qui permettent la vigilance, la lucidité et la fermeté dès les commencements. Le dicton populaire ne dit-il pas plus simplement qu'un homme averti en vaut deux ?

Le présent essai espère nourrir la réflexion de celui ou celle qui souhaite être en mesure de résister ou de porter secours si nécessaire, aujourd'hui ou demain.

L'expérience du pire et des résistances apparaît alors comme un repère éducatif fondamental nous permettant de réagir à temps aux extrémismes, aux racismes et à la xénophobie, aux vagues irrationnelles qui se creusent en période de tempêtes sociétales. Et tenter de parler de la Shoah est hélas souvent difficile aujourd'hui lorsque l'on oublie qu'elle est non seulement une histoire atroce dont les juifs ont été victimes, mais aussi un repère infiniment précieux pour tous au présent, pour éviter que les lents progrès de l'humanité ne soient de nouveau brisés par des périodes d'horreur collective.

Autrement dit, s'impose aujourd'hui, plus que jamais depuis la tragédie de la Seconde Guerre mondiale, la nécessité de compléter la nécessaire *mémoire révérence* au passé, qui montre *jusqu'où* peut mener la peur de l'Autre, par une *mémoire référence* pour le présent, souvent invoquée mais rarement construite, qui peut montrer *comment* se fait ce chemin vers le pire et *comment* il est possible d'y résister.

Dans notre contexte sociétal fortement et durablement déstabilisé, un lieu de mémoire peut apporter une double réponse, d'une part à la recherche de repères forts et immédiats, et d'autre part aux apprentissages de l'autonomie.

Par l'accès direct aux lieux mêmes et à leur histoire, il peut fournir des repères concrets, "de proximité", à ceux qui auraient besoin d'une telle confrontation physique à ce qui fut, un ancrage à la mémoire révérence. Il peut en outre être un repère sensible fondamental, dans la longue durée, car il permet une fixation durable des représentations individuelles et collectives. Certaines images restent, à vie parfois. Par son existence physique, bien mise en valeur pédagogiquement, le lieu de mémoire peut ajouter aux paroles et aux analyses ce que l'on peut appeler l'épreuve et la preuve du réel, dont certains ont grand besoin devant l'affrontement de vérités prétendument "concurrentes" ou "alternatives".

En complément, une mémoire référence peut donner au travail de mémoire un contenu intellectuel directement utile au présent, et servir ainsi de repère solide pour la compréhension, la vigilance, la prévention et la réaction. Elle propose les repères scientifiques et sociaux qu'apportent les clés de compréhension élaborées à partir du passé. Et elle offre ainsi un recul nécessaire quand la déstabilisation des grands repères collectifs et les passions mauvaises ramènent des individus et des groupes aux rapports de force élémentaires et aux replis identitaires.

En outre, si l'autonomie – autoproduction de repères – peut être une belle alternative démocratique aux tentations autoritaires nées du sentiment d'anomie, elle implique chez les "autonomes" une culture et un recul fondés sur de tels contenus pertinents.

Il faut reconnaître cependant que cette approche n'est pour le moment pas assez travaillée ni mise en avant dans les lieux de mémoire qui sont souvent trop exclusivement attachés à exposer l'histoire elle-même, socle essentiel évidemment, et pas assez à présenter un travail pluridisciplinaire sur l'histoire plus que dans l'histoire. Comprendre le sens éventuel de l'histoire en cours est difficile dans le vacarme du temps présent et, même quand on y parvient, réagir n'est pas chose aisée. D'où l'intérêt particulier aujourd'hui de "clés de lecture" pluridisciplinaires utiles au présent parce que permettant de comprendre les fonctionnements individuels et collectifs récurrents, et d'y agir à partir d'exemples forts tirés de l'expérience historique.

C'est ce "modèle" de traitement de la mémoire et de l'histoire dont la construction est recherchée au site-mémorial du Camp des Milles, terrain privilégié de nos observations, de nos analyses et de nos actions (voir Annexe 1). Le cas du Camp des Milles se prête bien à cette approche d'éducation et de prévention citoyennes car ce fut un "lieu ordinaire" où l'on peut voir se développer l'engrenage qui mena à la déportation. Ce fut en effet une simple usine avant la guerre, un de ces nombreux lieux ordinaires au début des chemins qui menèrent à l'extraordinaire d'Auschwitz. Et ce fut le lieu d'un engrenage de persécutions contre des étrangers supposés "ennemis", puis contre des opposants jusqu'à, enfin, la déportation d'hommes, de femmes et d'enfants juifs.

C'est dans la double perspective de rendre hommage aux victimes et aux combattants, mais aussi de construire et exposer une mémoire référence directement utile aux générations futures, que d'anciens déportés et résistants et leurs héritiers ont fondé ce lieu de mémoire. Les incompréhensions et les obstacles n'ont pas été épargnés à ce projet inédit sur un site historique. Mais ils ont tenu bon durant trente années de lutte pour cette double mémoire (1982-2012), et ils ont su finalement convaincre et implanter leur "modèle" scientifique et pédagogique du lien passé-présent. Ils ont été rejoints ensuite par la génération suivante dans l'équipe qui anime aujourd'hui le site-mémorial. Un appel à la réflexion citoyenne à partir de l'histoire est ainsi partagé par trois générations, parfois quatre déjà.

Rassembler et élaborer des éléments scientifiquement fondés pour construire une mémoire référence, pour fournir des connaissances comme pour nourrir l'autonomie de chacun, c'est donc la mission principale qui fut assignée aux équipes de recherche pour l'élaboration du Volet réflexif original du parcours muséographique (voir Chapitre 1, p. 25). Ont été privilégiés, dans ce parcours comme dans les formations dispensées, des repères explicatifs forts qui peuvent aider à relever le défi, à prolonger le respect dû au passé par une réflexion directement utile au présent, à éclairer aussi les choix d'aujourd'hui. Sur cette base, depuis l'ouverture du site-mémorial fin 2012, ses médiateurs et formateurs sollicitent dans et hors les murs l'implication personnelle de chacun dans la compréhension de l'histoire et de ses enseignements. Près d'un million de personnes, de jeunes en particulier, ont ainsi bénéficié en quelques années de cette approche volontariste d'une mémoire pour aujourd'hui et pour demain. Avec l'objectif essentiel de nourrir la vigilance et la responsabilité puisque la passivité est un élément nécessaire à la réalisation du crime ; mais aussi pour apprendre à réagir à temps, car il est si tôt trop tard.

Les réactions de la plupart des jeunes visiteurs, souvent très éloignés de cette histoire, montrent l'impact de cette approche et sont souvent enthousiasmantes par la curiosité et l'implication qu'elles traduisent. C'est une bonne nouvelle quotidienne pour les équipes du site-mémorial. Mais il existe aujourd'hui une sorte de "course de vitesse" entre l'apport et l'apprentissage des connaissances pertinentes et les réflexes beaucoup plus immédiats de peur et de crispations identitaires qui menacent de fracturer la commune humanité et qui font que l'on ne juge plus une personne pour ce qu'elle est mais pour son appartenance réelle ou supposée à un groupe, lui-même parfois fantasmé dans ses caractéristiques supposées, voire dans son existence même (l'hypothèse de "races" humaines par exemple).

Bien entendu, l'explication nécessaire du crime pour mieux en empêcher la récidive ne doit pas être confondue avec une quelconque excuse ou indulgence. En toute rigueur, comprendre n'est pas justifier et il faut y veiller farouchement. Expliquer, c'est éclairer pour prévenir avec plus de pertinence et de précision.

Nous avons bien entendu le devoir intellectuel et moral d'hésiter à faire le rapprochement entre la situation d'aujourd'hui et d'autres circonstances passées. Et nous avons aussi le devoir de la plus grande exigence dans le rapprochement entre les mécanismes fondamentaux qui, derrière les circonstances différentes, ont été et sont à l'œuvre. La prudence méthodologique comme le respect du passé l'exigent. Cependant, face au retour effectif de régimes autoritaires ou à l'émergence de régimes hybrides, face aux alertes de nos Anciens devant notre situation instable et menaçante, et face aux analyses diverses mais convergentes que permet notre grille de lecture, ce serait une faute lourde que de ne pas prendre en compte les décryptages que permet l'expérience du pire. Celle-ci constitue en effet aujourd'hui, nous l'avons évoqué, l'espoir d'une leçon universelle, et probablement notre repère le plus fort dans l'histoire en cours pour réagir à temps face aux engrenages dangereux.

Un repère que la conscience et la loi interdisent d'affaiblir.

ÉCOUTER L'AVERTISSEMENT DE L'ANTISÉMITISME

Parmi les enseignements qu'apportent les repères de l'expérience, il y a le constat d'un antisémitisme fonctionnant comme un indicateur, un révélateur de difficultés sociétales plus importantes et plus fondamentales que leur seule expression antisémite. L'antisémitisme peut aussi être considéré comme annonciateur de telles difficultés et en particulier de violences plus larges que celles qui visent souvent d'abord les juifs. Les chemins entre crises et antisémitisme ont été creusés par l'histoire dans l'inconscient collectif. Les juifs sont souvent perçus comme appartenant aux élites, notamment intellectuelles ou financières, et quand un mouvement vise les élites, il s'attaque rapidement aux juifs.

Si l'on regarde l'histoire, européenne en particulier mais pas seulement, on voit clairement que des poussées nationalistes sont allées de pair avec un rejet des juifs que ces mouvements considèrent souvent comme apatrides, cosmopolites, etc. De la même manière, des poussées d'intégrisme religieux ont conduit à l'exclusion des juifs, lorsqu'il y avait une crispation sur l'identité chrétienne par exemple. Ce rejet idéologique a pu aussi être celui d'un "peuple du Livre" par les tenants du primat de la force "naturelle" contre la culture, païens ou nazis en particulier. Certains ont encore accusé les juifs d'être communistes, et, inversement, d'autres les ont taxés d'être capitalistes. "Judéo-bolchéviques" et "judéo-capitalistes" à la fois... Derrière ces contradictions, dont le besoin de croire des extrémistes est coutumier, il y a pourtant une "cohérence" : celle du rejet des juifs qui n'entreraient pas dans la norme resserrée des idéologies extrémistes.

La Seconde Guerre mondiale fut la plus terrible illustration historique de cet antisémitisme annonciateur et révélateur de dérèglements profonds. Mais "l'avertisseur d'incendie" n'a pas été entendu dans les années 1930, et le monde fut embrasé à la fin de la décennie. Toutes proportions gardées, il en a été de même ces vingt dernières années en France, malgré les chiffres et les drames de l'antisémitisme, ce qui fit perdre un temps précieux à la défense de la démocratie face aux extrémismes qu'il annonçait et qui se sont largement développés depuis. Il y eut pourtant Ilan Halimi torturé à mort, puis des enfants juifs assassinés pour la première fois depuis la guerre, en même temps que deux soldats symboles de notre pays. Mais combien de citoyens ont réalisé que cela annonçait les attentats terribles qui, par cercles concentriques, ont ensuite très symboliquement associé en janvier 2015, dans la même séquence, *Charlie Hebdo*, une policière et l'*Hyper Cacher*, puis qui ont visé en novembre le Bataclan, les terrasses de café, le Stade de France, sans plus aucune distinction entre des hommes et des femmes devenus tous des cibles ?

L'une des explications de la fonction de l'antisémitisme comme révélateur ou annonciateur repose très probablement sur le fait que ce sont évidemment des minorités qui deviennent des boucs émissaires en cas de crises, et dont le sort, du coup, devient un bon indicateur de celles-ci. Il est donc "cohérent" que, lorsque de fortes tensions sociétales apparaissent, les juifs, minoritaires partout et toujours en dehors d'Israël, en aient été et en soient encore un marqueur assez constant.

L'antisémitisme se développe donc sans grande surprise aujourd'hui. Sur un fond de pertes de repères fondamentaux, il révèle une société bousculée à la fois par une tendance à la crispation identitaire classiquement d'extrême droite mais aussi par un mouvement semblable de l'islamisme radical. Plus largement, cet antisémitisme révèle souvent un rejet de la modernité, de l'égalité femmes-hommes, de la libre connaissance critique, du rapport que nous avons construit dans notre société entre la religion et la politique.

Ce n'est donc pas un hasard si aujourd'hui l'antisémitisme est partagé par les deux principaux fondamentalismes, djihadiste et nationaliste, qui menacent la République. Et un extrémisme de gauche les rejoint clairement lorsqu'il développe un antisionisme antisémite. L'antisémitisme révélateur et annonciateur qu'ils partagent nous dit qu'avec la boîte de Pandore ouverte par les extrémistes de tous bords, c'est la paix civile, voire la paix tout court, qui se joue actuellement en France, en Europe et ailleurs.

Lorsque l'on prend un peu de recul, on s'aperçoit que c'est probablement la spécificité de ce phénomène qui explique que l'on puisse trouver pertinent de distinguer racisme et antisémitisme. Il y a bien sûr des ressorts communs, mais il est vrai que le phénomène antisémite a sa forte singularité, longuement construite. Historiquement comme sociologiquement, les porteurs du racisme et de l'antisémitisme sont loin d'être toujours les mêmes, pas plus que leurs "prétextes" ne sont généralement semblables. La même fièvre ne signifie pas nécessairement la même maladie, ni surtout les mêmes remèdes. L'antisémitisme "raciste" n'est qu'une des formes de l'antisémitisme, comme le racisme antisémite n'épuise évidemment pas la pluralité des racismes. Superposition seulement partielle des deux notions. Distinction nécessaire pour agir efficacement sur les causes et les acteurs souvent distincts de l'antisémitisme et des racismes.

On peut aussi se demander si le racisme antimusulman, actuellement moins violent mais plus répandu que l'antisémitisme, ne va pas bientôt devenir lui aussi, en Europe en particulier, un indicateur de tendances sociétales profondes et pas seulement, comme c'est surtout le cas aujourd'hui, la conséquence de conjonctures nationales ou internationales particulières, comme les questions migratoires ou sécuritaires.

Résister à la haine sur Internet par l'éducation, l'engagement, la loi

Internet est une illustration actuelle de la puissance sans le sens, un des nombreux golems des temps modernes, une de ses créations que l'homme a tant de mal à maîtriser.

Partout dans le monde, nous assistons à un développement spectaculaire de l'accès à l'information qui bouleverse le rapport au savoir et au temps, et déstabilise les personnes, les groupes, les institutions, la vérité même. Le temps d'écouter, de penser et d'agir recule au profit de l'immédiateté et du simplisme, terreau de la démagogie et des extrémismes. La fréquentation assidue par les jeunes des médias de masse inquiète les démocrates et les libéraux, de même qu'elle intéresse une pluralité d'acteurs aux intérêts divers, économiques, politiques, idéologiques… Hyperconnectés, ces jeunes notamment sont exposés en continu à la manipulation des informations, au complotisme, aux *fake news*, aux algorithmes publicitaires… Des outils de plus en plus performants rendent encore plus difficile de déceler les tromperies (*deepfake*, par exemple). Des entreprises lucratives et des services spéciaux ciblent des millions de personnes pour les manipuler à des fins de déstabilisations politiques ou sociétales ou tout simplement de profit. Et l'assaut contre le capitole de Washington a illustré l'impact possible de telles manœuvres en visant l'une des institutions les plus importantes de la plus ancienne démocratie moderne.

Sur les réseaux sociaux, et souvent à l'abri de l'anonymat, se développent des appels à la haine et à l'exclusion, au racisme et à l'antisémitisme, aux discriminations homophobes et sexistes, mais aussi l'apologie du terrorisme, des extrémismes politiques et religieux, des radicalisations… Un Royaume de (presque) non-droit où tous les excès sont possibles, où c'est la violence verbale ou visuelle qui donne souvent le ton, crée le buzz et fait la loi. Cependant, une prise de conscience se développe chez les citoyens, jeunes ou non, et chez les responsables politiques, dans les institutions et, enfin, chez les fournisseurs d'accès. Des textes législatifs sont votés, des dispositifs de vérification des informations et des concertations internationales se mettent en place. Dans une sorte de course infinie à la régulation du changement technologique.

Il y a en particulier un vrai travail à saluer de la part des médias contre les *fake news*, mortifères pour la démocratie. Cependant, malgré ces efforts, demeure une tendance à valoriser l'immédiateté, l'émotionnel et les provocations qui peuvent être décisives quand l'histoire hésite comme aujourd'hui. Il y a surtout une accoutumance inquiétante aux propos extrémistes et violents.

L'Éducation nationale aussi avance sur ce terrain, parfois avec la société civile, pour aider les élèves à exercer une citoyenneté – voire une cybercitoyenneté – éclairée et responsable*.

Il en va de la démocratie qui a autant besoin de raison, de mesure et de vérité que d'esprit critique et de contestation.

LE CURSEUR DU DIABLE

Il n'a probablement pas été assez remarqué que les mécanismes qui nourrissent l'engrenage vers le pire sont souvent, à la base, des mécanismes normaux, ordinaires, parfois nécessaires. Les horreurs commises sont souvent l'expression de tels mécanismes très communs mais poussés à l'extrême lorsque la culture, la

* Ainsi, sur la base du lieu témoin et de robustes repères scientifiques, les ateliers et formations proposés par la Fondation du Camp des Milles à des centaines de jeunes chaque jour – avant Covid – visent notamment à leur permettre d'aiguiser leur esprit critique contre l'obscurantisme, d'interroger la véracité d'une information, de déconstruire les mécanismes des rumeurs ou complots, de réagir plutôt que d'être passifs ou de relayer de fausses informations (voir Annexe 1). Aujourd'hui, d'autres organisations s'y attachent aussi, dont les moyens sont souvent trop limités.

morale et la démocratie n'arrivent plus à les réguler.

Il y a ainsi une continuité entre le légitime souci identitaire et l'obsession identitaire qui peut envahir le débat public. Entre la peur comme mécanisme fondamental d'alerte et de défense, et celle qui conduit à la crispation et au rejet. Entre penser par catégories, ce qui est nécessaire à l'appréhension du monde, et les stéréotypes qui deviennent facilement des préjugés (femmes = faibles, jeunes = délinquants, etc.). Entre l'obéissance normale à l'autorité légitime et la soumission aveugle à l'autoritarisme. Entre l'effet de groupe dans une légitime discipline collective et celui qui fait "hurler avec les loups". Entre l'esprit critique attendu du citoyen et la méfiance systématique qui conduit à refuser toute possibilité de vérité ou à inventer des "vérités alternatives", voire à vivre dans un complotisme qui traduit souvent des affects, des frustrations, des peurs et des haines plus que de quelconques "vérités".

C'est cet ancrage dans la nécessité quotidienne qui fait aussi la force et la récurrence des mécanismes qui peuvent conduire au pire. C'est ce qui fait la difficulté de les combattre. Cela rejoint l'idée que "le diable est dans les détails" car c'est de détail en détail que se déplace le curseur "diabolique" qui va de la normalité des mécanismes concernés jusqu'à leur dangerosité extrême.

Seule une grande vigilance peut permettre de repérer et contrôler les glissements dangereux du curseur. La réussite est très incertaine. Elle l'est d'autant plus que ce curseur doit être surveillé non seulement en chacun de nous mais aussi dans chaque groupe comme dans chaque institution qui, tous, interagissent. Et elle est aggravée par le monde de l'immédiateté et du bruit médiatique dans lequel nous vivons, chacun le nez sur notre guidon, ce qui gêne évidemment la prise de recul nécessaire à l'appréciation des évolutions du curseur. Cette grande incertitude sur le bon positionnement de celui-ci peut favoriser la passivité de certains, mais elle peut aussi suffire à d'autres, dans une situation inflammable dont les enjeux peuvent être vitaux, pour ne plus rien laisser passer face aux discours racistes ou haineux, sur Internet, en famille ou au travail.

Pour résister, il faut savoir aussi que l'on n'est pas seul et que l'on peut, chacun à sa manière, rejoindre une association, une organisation syndicale, un parti républicain, une communauté réelle ou virtuelle, quelques amis… Ce fut essentiel dans les temps mauvais.

Il faut enfin et avant tout garder à l'esprit que des horreurs inouïes ont été possibles dans notre civilisation avancée, et y puiser le courage de ne pas laisser le terrain aux seuls extrémistes.

Il en va de la possibilité d'aimer demain.

CONCLUSION

LES COURAGES DE L'ESPOIR

On entend souvent : "Mais que puis-je donc faire à moi tout seul ?" Détrompez-vous, personne n'est seul contre l'oppression. Et rien ne compte plus que la somme des actions individuelles, même modestes. Ne vous détournez pas trop vite lorsque votre conscience morale vous interpelle. Cette petite voix intérieure est votre meilleur guide face au brouillage des repères.

Ombres et lumières. Menaces et espoirs. Inhumanité bien connue dans la condition humaine. Courages et beautés inattendues qui peuvent la transcender. C'est évidemment tout cela que nous transmet l'expérience historique. Et que nous ont transmis nos anciens. Ils avaient au cœur l'espoir profond que beaucoup de femmes et d'hommes, éclairés par ce qu'ils ont dû combattre et subir, puissent faire grandir leur humanité et éviter de se laisser entraîner un jour, dans l'ordinaire de leurs vies quotidiennes, vers l'extraordinaire d'un crime de masse.

Mais depuis quelques années, avant de s'effacer les uns après les autres, c'est dans la discrétion des confidences comme dans les discours publics qu'ils nous alertent (voir Annexe 2). Sur une situation qui ne concerne pas seulement notre pays mais toutes les démocraties, en Europe et au-delà. Ce sont pourtant les mêmes qui, avec le recul de leur expérience, nous ont longtemps apaisés lorsque nous esquissions, trop vite à leurs yeux, certains parallèles entre leur passé et notre présent.

Ces humanistes, ces patriotes qui ont parfois tout risqué pour la France, nous expriment aussi parfois leur colère et toujours leur volontarisme, par-delà la diversité de leurs opinions et de leurs origines, devant le retour des vieux démons nationalistes et identitaires qui ont tôt fait de transformer un patriotisme sain ou des peurs légitimes en haine de l'Autre et en facteurs de conflits, pendant que de petits personnages jouent de nouveau avec le feu des passions racistes et font le lit de violences futures.

Comment hausser les épaules lorsque les regards inquiets de nos anciens nous rendent insupportable qu'ils aient à subir encore une montée des périls ? Ce sont les valeurs pour lesquelles ils se sont engagés et sacrifiés par milliers, eux-mêmes et leurs proches, qui sont compromises : démocratie politique, économique et sociale, respect des personnes, attachement profond à notre pays, aspiration à un monde libre, fraternel et juste.

Comment ne pas être impressionnés par le fait que leurs observations et leurs intuitions rejoignent aujourd'hui complètement les analyses scientifiques présentées dans ce livre sur les processus qui peuvent mener au pire ?

Comment ne pas songer surtout au miroir que nous évoquions au début de cet essai ? Ne pourrait-il pas nous reprocher un jour de ne pas avoir tout fait pour les enfants d'aujourd'hui et de demain, dont nous ne voulons pas qu'ils deviennent un jour des persécutés, ni d'ailleurs des bourreaux ou des complices ? Si nous pensons bien sûr d'abord à ce qu'ont vécu les victimes martyrisées, nous savons aussi en effet que certains de ceux qui ont fait ou laissé faire le pire portent le fardeau intime d'une vraie culpabilité qui les habite souvent jusqu'à leur mort.

Notre parole de citoyens, notre travail de mémoire, de recherche et d'éducation deviennent ainsi notre manière et même notre obligation morale de répondre à l'appel des voix étouffées par le crime, mais aussi de poursuivre le témoignage inlassable des survivants et, plus encore, de préserver les hommes, les femmes et les enfants d'aujourd'hui du caractère explosif et meurtrier de la question identitaire lorsqu'elle domine le débat public.

Face à la montée des extrémismes et des intolérances, l'édition de cet essai nous est donc apparue comme un devoir de transmission et d'alerte relayant à la fois l'inquiétude de nos anciens et la clarté de nos conclusions scientifiques. Engagées pourtant il y a une vingtaine d'années, nos analyses pluridisciplinaires du passé nous semblent être devenues d'une terrible actualité. Elles décrivent les étapes d'un engrenage que, pour l'essentiel, nous (re)vivons aujourd'hui. N'oublions pas que la première séquence de l'étape 2, qui a conduit historiquement à la disparition de l'État de droit, est caractérisée par une perte de repères collectifs, de fortes crispations identitaires, des radicalisations et extrémismes "en miroir", des institutions attaquées ou ébranlées, un rejet des élites, une montée des désordres et des violences… (voir Chapitre 1, p. 25).

Serait-il compréhensible qu'aujourd'hui, éclairés par l'expérience, nous nous laissions surprendre à nouveau ? Et que nous oubliions que résister à l'engrenage mortifère est possible et peut être efficace ?

Devant l'urgence démocratique, il serait ainsi utile que le discours et l'action politiques ne jouent plus sur les peurs et le rejet de l'Autre, mais se concentrent sur les injustices sociales qui aggravent toutes les pathologies collectives lorsqu'elles ne les créent pas. Le sentiment d'injustice est, depuis l'enfance, l'un des plus frustrants, l'un des moteurs les plus puissants des individus et des groupes. On ne peut que s'étonner, après tant de révoltes, de dérives et de violences, de constater que ce sujet central est trop rarement pris à bras-le-corps, qu'il est souvent évité, contourné, sous-estimé, mal traité, ce qui prépare des bombes à retardement dans la société.

Il faudrait aussi que les choix des médias n'aillent pas aux sujets ou aux personnages les plus conflictuels. Myopie souvent suicidaire là aussi.

Il conviendrait surtout que chaque citoyen, chaque organisation, chaque entreprise et chaque institution publique puissent prendre mieux conscience de l'imprévisibilité de la dynamique propre à tout extrémisme identitaire, et s'impliquent activement face aux risques terribles que cette spirale engendre, y compris pour leurs intérêts propres.

En vérité, nous sommes sans grande illusion sur cette perspective de mobilisation générale qui semble historiquement, politiquement et psychologiquement peu réaliste, malgré le sursaut extraordinaire de quatre millions de manifestants le 11 janvier 2015 après les attentats. L'espoir est plutôt que se lève un nombre suffisant d'acteurs politiques, médiatiques, économiques, et surtout de simples citoyens, individuellement et collectivement, pour ne pas laisser le champ libre aux antidémocrates et pour défendre les valeurs de la démocratie.

Sans un tel sursaut civique, même partiel, l'expérience historique montre qu'une majorité non extrémiste, passive et souvent divisée, peut laisser une minorité extrémiste arriver au pouvoir, portée par une dynamique parfois passionnelle.

L'extrémisme identitaire ne porte pas seulement un débat – toujours légitime – sur l'identité individuelle ou collective ou sur l'importance évidente de la nation. Il se caractérise par une véritable obsession qui masque ou subordonne tous les autres sujets aux questions identitaires. Il détourne ainsi l'attention et l'énergie que méritent les vrais problèmes. Il conduit au rejet de certaines minorités religieuses, ethniques, sexuelles ou autres, jusqu'aux enfants handicapés… Et il finit par déstabiliser et diviser tout le corps social. Cette violence idéologique et souvent émotionnelle étouffe vite la raison nécessaire au débat démocratique. Et mène facilement à la généralisation de la violence physique.

Collectivement et individuellement, ceux qui refusent la soumission à l'extrémisme identitaire ont le choix aujourd'hui entre deux attitudes devant les deux courants puissants qui semblent encore équilibrer les chances de la démocratie et celles de ses ennemis. Ne pas vouloir croire au danger, ne rien changer à leurs vies quotidiennes, c'est-à-dire ne rien faire et laisser faire. Ou bien au contraire, s'impliquer rapidement en s'appuyant sur le fait essentiel qu'une grande majorité de citoyens rejette généralement les conséquences des engrenages extrémistes, même si elles sont masquées dans un premier temps par les manipulations du langage et de la vérité ou par la violence des affrontements politiques.

Ce sont les processus historiques et sociétaux qu'il faut d'abord faire connaître. En même temps que rappeler que l'implication des citoyens est la meilleure manière non seulement de défendre et de consolider la démocratie, mais aussi de la renouveler et d'approfondir son adaptabilité, son efficacité et sa capacité à créer les conditions du bien-être d'une majorité de personnes.

En plus d'être, par définition, le régime du respect de l'État de droit démocratique qui protège les droits et libertés de chacun contre l'arbitraire, est-ce un hasard si ce sont les démocraties qui ont vaincu dans les deux guerres mondiales, qui l'ont emporté contre les totalitarismes fascistes et soviétique, qui ont construit l'Europe pacifique, qui sont en tête des pays les plus efficaces dans la guerre mondiale contre le Covid-19, qui attirent les flux migratoires, qui sont les moins à la traîne contre le réchauffement climatique ?

Il y a aujourd'hui une sorte de "paradoxe du papillon" qui signifie à la fois l'extrême dangerosité d'une situation volatile, mais qui dit aussi la responsabilité et l'efficacité possible de chacun d'entre nous dont le "battement d'ailes" peut agir sur cette situation instable, y compris par l'apaisement et la vérité, par le refus de la provocation et de la rumeur. Bien entendu, les adversaires de la démocratie connaissent eux aussi cette vulnérabilité et cette possibilité d'agir, et il existe même un courant "accélérationniste" d'extrême droite qui prétend exacerber les conflits "raciaux" pour accélérer la dynamique extrémiste déjà enclenchée.

Il n'est en rien inéluctable que nos sociétés européennes passent encore par l'une de ces périodes d'oppression, de conflits et de crimes qu'elles connaissent si bien. Certes, il y aurait alors à nouveau beaucoup de héros et de Justes, mais qui a vraiment envie de l'être ?

"Il n'y a aucune fatalité dans la barbarie, sinon du fait de notre négligence, de notre manque de vigilance, de notre lâcheté souvent. De tels combats, aujourd'hui et demain, nécessitent d'avoir des armes adéquates*." Cet essai propose une "arme de l'esprit", celle du recul de l'expérience de l'humanité. À chacun d'appliquer comme il l'entend à l'actualité la plus brûlante les clés de compréhension forgées ainsi à partir de l'histoire.

À chacun aussi de trouver en lui-même la lucidité et la force des courages aujourd'hui nécessaires :

– Le courage de mémoire d'abord. Celui que donnent le souvenir et la conscience aiguë des dignités piétinées, des souffrances

* Jean-Paul de Gaudemar, président du Conseil scientifique de la Fondation du Camp des Milles, préface du livre *Pour résister… à l'engrenage des extrémismes, des racismes et de l'antisémitisme*, dir. A. Chouraqui, prologue de Simone Veil, prix Seligmann contre le racisme, l'intolérance et l'injustice délivré par la Chancellerie des universités de Paris (2015 – Cherche Midi). Une nouvelle édition, augmentée, est prévue en format poche chez Actes Sud.

endurées, des vies arrachées par la non-maîtrise des embardées historiques provoquées par des extrémismes identitaires. Plus encore que d'un devoir de mémoire ou d'un travail de mémoire, nous avons besoin désormais d'un véritable "courage de mémoire" pour mettre en œuvre les leçons vitales du passé. Par la construction d'une mémoire référence utile à tous, le "soleil noir" de la Shoah doit pouvoir éclairer durablement l'humanité et ne pas subir le sort des événements tragiques que le temps emporte dans l'oubli ou l'effacement avec la disparition de leurs acteurs.

Ce courage, forgé par l'expérience et l'analyse scientifique, s'inscrit dans un combat plus large contre l'ignorance, mère des incompréhensions et des haines. Ne saurait-on pas intégrer clairement dans notre héritage collectif, dans nos programmes scolaires, et dans l'apprentissage de nos valeurs les enseignements puissants de cette histoire terrible des antivaleurs ? Devant la récurrence des tragédies collectives, le véritable choc dans la civilisation moderne que fut la Shoah ne peut-il être un événement refondateur, une expérience monstrueuse qui, paradoxalement, puisse fonder l'espoir ? Ce traumatisme majeur ne pourrait-il alors nous changer suffisamment puisque nous savons maintenant jusqu'où et comment l'horreur est possible chez des peuples "civilisés" ? L'histoire est trop vite oubliée par les peuples. Ils sont naturellement soulagés de tourner une page de souffrances. Mais ce refus d'y réfléchir prépare la page suivante des tragédies humaines.

Agir aujourd'hui contre la récurrence du mal, c'est à cela que doit servir le courage de mémoire.

Notre civilisation s'est largement développée sur l'idée simple que la connaissance et la transmission favorisent la liberté de l'homme. Dans le rapport complexe que celle-ci entretient avec le bien, le mal et surtout la zone grise qui les sépare, elles peuvent lui éviter de reproduire ses erreurs, et l'aider dans sa liberté de construire un avenir qui le lie toujours plus à un Autre de plus en plus divers. Ce n'est qu'avec cet Autre aujourd'hui – et certainement pas contre lui – que pourront être traités les questions climatiques, les pandémies, le terrorisme international, les questions migratoires, bioéthiques, financières… Là sont les vrais défis que cet essai aurait aimé pouvoir aborder s'il n'y avait pas l'urgence immédiate du feu identitaire dans notre société.

– Le courage de l'identité plurielle, celle qui reconnaît en chacun toutes ses facettes, nationale, religieuse ou laïque, familiale, professionnelle, de genre, d'âge... Chacun n'est pas seulement un Français, un Européen, un musulman, etc. Cette évidence seule peut nous permettre de ne pas réduire l'Autre à une seule de ses dimensions, de casser l'opposition des identités unidimensionnelles, tronquées et souvent meurtrières. Cette évidence est aussi un courage face à ceux qui traquent en vous l'identité qui leur convient, que ce soit pour mieux vous rejeter ou au contraire pour vous enrôler *nolens volens* dans leur groupe.

Et puis, plus fondamentalement, si le débat est légitime sur la réalité, le souhait ou le refus du multiculturalisme, comment ne pas reconnaître que notre civilisation – que prétendent défendre les extrémistes nationalistes – est historiquement une vraie civilisation multiculturelle, construite sur des apports grecs, romains, judéo-chrétiens, des Lumières, évidemment européens mais aussi arabes, africains, américains et déjà asiatiques...

Pour François Mitterrand, “nous sommes français, nos ancêtres les Gaulois un peu romains, un peu germains, un peu juifs, un peu italiens, un petit peu espagnols, de plus en plus portugais, peut-être qui sait polonais, et je me demande si déjà nous ne sommes pas un peu arabes* ?”.

– Le courage de la complexité et de la vérité. Celui qui affirme que toutes les “vérités” ne se valent pas. Celui qui oppose lucidement la complexité du réel, des hommes et des sociétés aux simplismes généralement faux et souvent manipulatoires. L’effort de pédagogie est là pour concilier sainement complexité et transmission honnête. Mais cet effort est de plus en plus difficile dans un monde où la pensée doit se laisser enfermer dans deux cent quatre-vingts caractères ou une minute trente d’interview. Plus fidèle au réel, la complexité est aussi ce qui permet de mieux comprendre et donc d’agir de façon plus pertinente, comme on l’a vu par exemple avec le “curseur du diable” (voir fin du Chapitre 3, p. 119).

* Allocution de François Mitterrand, président de la République, à la Sorbonne le 18 mai 1987.

C'est la conscience de cette complexité du réel qui a conduit les civilisations, pour approcher la difficile vérité, à organiser des débats contradictoires dans les systèmes judiciaires comme dans la démocratie. C'est elle qui conduit aussi à des positions qui peuvent être fermes mais non extrémistes, et parfois fermes contre les extrémistes qui ne respectent pas cette évidente multidimensionalité des faits, des hommes et des peuples, au point de les nier ou de les supprimer pour tordre le réel vers leur perception amputée, souvent méchante.

– Le courage de la France. Celui qui ose s'appuyer explicitement sur ses valeurs fondamentales issues d'une forte tradition judéo-chrétienne, de son ancrage dans les Lumières, de son histoire républicaine et sociale et de ses apports multi-ethniques. Ces valeurs universalistes ont fait de notre pays un phare pour l'humanité. Elles ont ainsi contribué à la rédaction de la Déclaration universelle des droits de l'homme, à travers notamment l'engagement de René Cassin. Elles ont nourri le socle de l'Europe démocratique à travers l'action décisive de Jean Monnet et de Robert Schuman. Le sang versé pour cette belle

France des valeurs nous oblige plus encore à la protéger. Ce courage permet notamment, sûr de ces valeurs, d'oser toujours la vérité qui renforce, y compris celle des erreurs, des fautes, voire des crimes commis par des hommes dont beaucoup nous ressemblaient. Tous les peuples ont commis de telles fautes mais le plus important est qu'ils puissent désormais les éviter car ils sont tous en risque d'être déstabilisés par les vents mauvais de l'Histoire. Comment ignorer les pages sombres, les banaliser et prendre le risque majeur de la récidive collective et souvent suicidaire, le risque aussi de salir le visage de notre France en ajoutant le déni à la faute ?

– Le courage de Sisyphe enfin, souvent nécessaire lui aussi. Celui qui ne baisse pas les bras, encore et encore. "Si tu peux voir détruit l'ouvrage de ta vie, et sans dire un seul mot te mettre à rebâtir…", écrivait Rudyard Kipling, dans son célèbre poème*.

En écho, écoutons encore notre soldat des Forces françaises libres : "Le combat pour les droits et libertés n'est jamais

* *Si*, *op. cit.*

gagné, mais il n'est jamais perdu non plus, à condition de le mener*."

Aujourd'hui, nous savons, et nous savons que nous pouvons.

C'est sur ces deux piliers que peuvent reposer les courages de l'espoir, la force de l'esprit et la confiance du cœur.

* Sidney Chouraqui, *Journal de guerre* (archives privées).

ANNEXES

Ce sont des hommes ordinaires qui accomplissent, permettent ou laissent faire le crime extraordinaire. Sans eux, les extrémistes et les pervers n'arriveraient à rien.

Annexe 1

Mémoire révérence et mémoire référence : le Camp des Milles et son site-mémorial

Le Camp des Milles (1939-1942), situé entre Aix-en-Provence et Marseille, est le seul grand camp français d'internement et de déportation encore intact et l'un des rares entièrement préservés en Europe. Haut lieu de mémoire européen, il vit passer dix mille internés de trente-neuf nationalités dont de nombreux écrivains et artistes (Max Ernst, Hans Bellmer, Ferdinand Springer, Leo Marschütz, Karl Bodek, Lion Feuchtwanger, Walter Hasenclever…), des hommes politiques (Giuliano Pajetta, Walter Janka…), des prix Nobel (Otto Meyerhof, Tadeus Reichstein…). Son histoire témoigne de l'engrenage des intolérances successives, xénophobe, idéologique et antisémite, qui conduisirent à la déportation des juifs vers le camp d'extermination d'Auschwitz-Birkenau où ils furent presque tous assassinés.

L'histoire de ce camp commence sous la IIIe République, au début de la Seconde Guerre mondiale, lorsque le gouvernement français prend la décision d'interner les ressortissants du Reich, fussent-ils d'authentiques antifascistes ayant fui de longue date le nazisme pour venir se réfugier en France. Considérés à tort et tragiquement comme des "sujets ennemis", ces internés sont victimes d'un mélange de xénophobie, d'absurdité et de désordre administratifs, et vivent dans des conditions très précaires. Dans le Sud-Est, ces étrangers sont internés dans la Tuilerie des Milles, alors désaffectée, qui devient un camp d'internement sous commandement militaire français.

En juin 1940 s'ouvre une seconde période avec la défaite française et la signature de l'armistice. C'est là que se situe l'épisode du "train des Milles", popularisé par un film aux acteurs connus, concernant la tentative collective des internés d'échapper à l'avance allemande grâce à un train qui dut rebrousser chemin avant d'arriver sur la côte atlantique qui était son objectif. À partir de juillet, sous l'autorité du régime de Vichy, le camp est rapidement surpeuplé (jusqu'à 3 500 internés en même temps). Au cours de cette période sont transférés aux Milles notamment des étrangers des camps du Sud-Ouest, et en particulier des anciens des Brigades internationales d'Espagne, ainsi que des juifs expulsés du Palatinat, du Wurtemberg et du pays de Bade. À partir de novembre 1940, le Camp des Milles, passé sous l'autorité du ministère de l'Intérieur, devient le seul "camp de transit" en France pour une émigration outre-mer, avec l'aide de particuliers, d'organisations et de filières locales ou internationales. Au fil du temps, les conditions d'internement se dégradent fortement : vermine, maladies, promiscuité, nourriture insuffisante…

Une troisième période correspond aux mois d'août et septembre 1942 qui voient la déportation vers Auschwitz-Birkenau *via* Drancy ou Rivesaltes de plus de 2 000 hommes, femmes et enfants juifs. Le régime de Pétain a en effet accepté de livrer aux nazis 10 000 juifs de la zone libre, présentés comme des "juifs étrangers" alors même que certains étaient des Français que ce régime avait préalablement dénaturalisés et que certains enfants nés en France étaient français. Au début du mois de juillet 1942, Laval propose en outre aux Allemands d'inclure les enfants âgés de moins de seize ans dans les déportations. Leur "feu vert" se fit attendre.

Le 3 août, le camp est bouclé. Femmes et enfants juifs de la région sont raflés et orientés vers les Milles pour rejoindre les autres internés avant d'être déportés. Parmi les juifs considérés comme étrangers, ne sont pas épargnés les juifs réfugiés politiques ou ayant servi dans l'armée française. Et une centaine d'enfants sont ainsi déportés à partir de l'âge d'un an. Au total, cinq convois sont constitués. Un wagon du souvenir d'époque marque aujourd'hui le lieu même de ces déportations.

En réaction, des hommes et des femmes courageux aident les internés et les déportés, comme le pasteur Henri Manen et son épouse Alice, et le couple de Marie-Jeanne et Auguste Boyer, tous reconnus Justes parmi les Nations pour leurs actions de sauvetage en faveur des internés du Camp des Milles.

Tous ces événements tragiques surviennent avant même l'occupation allemande de la zone sud en novembre 1942.

Au-delà du mois de septembre 1942, le camp vivote, ses derniers occupants, très peu nombreux, quittent ses murs de briques en décembre 1942.

Une des caractéristiques du camp réside dans l'ampleur et la diversité de la production artistique réalisée par les internés. Plus de quatre cents œuvres y ont ainsi été conçues dont certaines sont encore visibles sur place, notamment de grandes peintures murales, ironiques et engagées. Ces artistes internés résistèrent ainsi par la création à la persécution et à la volonté de déshumanisation auxquelles ils faisaient face.

Un lieu important pour les siècles à venir.

Elie Wiesel, mots prononcés lors de sa visite au Camp des Milles en 2005.

"Je suis convaincu que le Camp des Milles sera un lieu important, très important pour les siècles à venir." Ces mots, prononcés lors de sa visite sur place en 2005, par Elie Wiesel, survivant d'Auschwitz, prix Nobel de la paix, faisaient écho à la double ambition de mémoire et d'éducation citoyenne des initiateurs du projet de site-mémorial. C'est pour éviter les pièges de l'oubli que ceux-ci avaient voulu sauvegarder ce camp tout au long d'un véritable combat civique de trente années (1982-2012), caractérisé par leur ténacité face aux nombreux obstacles mis par ceux qui préféraient l'oubli ou l'évitement, ou qui ne comprenaient pas l'importance pour le présent de conserver ce lieu de mémoire mais aussi de travailler sur les leçons du passé et de les transmettre.

Le site-mémorial du Camp des Milles est ainsi devenu accessible au public depuis son inauguration le 10 septembre 2012 par le Premier ministre Jean-Marc Ayrault, en présence de représentants diplomatiques de trente-deux pays, le jour du soixante-dixième anniversaire du dernier convoi de déportation parti de ce camp.

L'intention des fondateurs du site-mémorial était d'abord, très classiquement, de rappeler l'histoire, ses horreurs et ses actes justes, et de montrer ainsi jusqu'où peuvent mener les extrémismes et leurs intolérances. Rassemblés dans les années 1980 autour du Camp des Milles menacé de destruction partielle, mais aussi autour de leur conviction commune que les hommes n'avaient certainement pas assez changé pour que les horreurs qu'ils avaient connues ne puissent plus se reproduire, d'anciens déportés et résistants, déjà accompagnés par la génération suivante, ont ainsi d'abord voulu que ne soient pas oubliés les souffrances, les angoisses et le destin tragique des hommes, des femmes et des enfants internés, déportés, assassinés.

Mais leur conscience des retours possibles du danger extrémiste et totalitaire a conduit ces Anciens à soutenir aussi les propositions nouvelles de leurs héritiers engagés auprès d'eux. Ceux-ci souhaitaient aller au-delà des pratiques mémorielles habituelles de sauvegarde des lieux et de présentation de l'histoire, en complétant cette approche certes nécessaire par une pédagogie innovante de résultats de recherches pluridisciplinaires utiles à la compréhension des mécanismes à l'œuvre dans l'engrenage des crimes de masse. Pour ces initiateurs, l'histoire montre au cours des siècles que le racisme et l'antisémitisme ont un potentiel explosif et un pouvoir de contamination exceptionnel et qu'ils menacent fondamentalement les valeurs républicaines, l'ordre public et la paix civile. Cela justifiait à leurs yeux, en prenant appui sur la mémoire, un effort renouvelé d'analyse scientifique et de transmission au service des générations d'aujourd'hui et de demain. Celles-ci sont d'ailleurs aujourd'hui représentées par la jeune équipe qui, trois générations plus tard, partage et porte désormais les missions du site-mémorial au service des valeurs de liberté, d'égalité, de fraternité, de justice, de dignité et de laïcité, affichées dès l'entrée du bâtiment, à côté de deux questions clés : "Qu'aurais-je fait ?" – "Que ferais-je demain si… ?"

Au-delà de l'histoire générale de la Shoah et de la collaboration qu'elle illustre, l'histoire du Camp des Milles a semblé propice à une telle recherche-action et à cette pédagogie citoyenne. Ce camp ne fut pas en effet un camp de la mort au bout du chemin de la déportation. Il se trouvait au contraire au début de ce calvaire, là où l'on peut le plus facilement réfléchir aujourd'hui au fait que ce fut dans de tels lieux ordinaires, avec des hommes ordinaires, à côté du quotidien habitué de nos vies, au bout de la grand-rue d'un village comme un autre, que s'est enclenché l'extraordinaire d'un génocide. Pédagogiquement, l'expérience montre que l'on peut plus aisément faire comprendre et reconnaître les commencements de l'assassinat programmé, dans ce purgatoire que dans l'enfer lui-même d'un camp d'extermination à la fin du chemin, où la sidération ne permet que le silence de l'indicible et une grande question : "Comment en est-on arrivé là ?"

En outre, le Camp des Milles illustre la dynamique de durcissement par étapes du processus mortifère, car il fut un lieu de persécutions successives et croissantes contre des étrangers, des opposants et des juifs, comme il fut le lieu de réactions diverses et efficaces de sauvetage et de résistance, y compris par l'art et la création. Son histoire illustre ainsi la notion clé d'"engrenage résistible" qui exprime le crescendo propre à de telles dynamiques situationnelles, mais aussi la résistibilité du processus. On peut aussi y reconnaître plusieurs autres mécanismes individuels et collectifs décisifs, en particulier ces emballements de l'histoire qui ont pu faire disparaître en quelques semaines des milliers d'êtres humains envoyés par familles entières depuis le Camp des Milles jusqu'à l'assassinat, parmi les millions d'autres victimes juives de la Shoah.

Depuis la guerre, l'horreur génocidaire avait évidemment conduit à proclamer et répéter "Plus jamais ça !", mais les initiateurs du site-mémorial avaient bien constaté, comme chacun pouvait le faire, que cela n'avait pas empêché le génocide au Rwanda quarante ans après la Shoah, ni les crimes de masse au Cambodge ou dans l'ex-Yougoslavie… Nous avons donc surtout cherché "Comment faire pour que Plus jamais ça".

Pour cela, nous avons travaillé avec une modestie bien nécessaire devant la récurrence du mal et devant le nombre, la gravité et la complexité des questions posées. Mais nous avions surtout la ferme détermination de ceux qui n'ont, après Auschwitz, que le choix d'avancer encore devant l'exigence de protéger le présent et l'avenir. Par une vigilance forgée dans l'expérience la plus tragique et avant tout, à nos yeux, dans l'analyse de cette expérience.

Nous savons que les victimes et les combattants de la liberté voulaient que l'on se souvienne pour que cela ne se reproduise plus jamais. Et les grands porteurs de la mémoire des génocides nous ont soutenus et aidés dans notre démarche longtemps rejetée par d'autres. Simone Veil, Elie Wiesel, Serge Klarsfeld, mais aussi Robert Badinter, Jorge Semprún, Denise Toros-Marter, Dafroza Mukarumongi-Gauthier, Ovsanna Kaloustian, Louis Monguilan, Sidney Chouraqui, mon père, ce soldat au nid d'aigle d'Hitler (voir p. 77), d'autres encore comme Herbert Traube, nous ont dit leur inquiétude et la nécessité d'agir pour que chacun soit vigilant et sache intervenir à temps (voir Annexe 2). Car ne rien faire, c'est laisser faire. Et laisser faire est une lourde responsabilité.

Construire une solide "convergence des mémoires"

Sur le plan des résultats de recherche, cet essai s'appuie surtout sur les travaux que j'ai dirigés comme chercheur pour la préparation des contenus du site-mémorial du Camp des Milles, et qui étaient destinés à répondre à la volonté de ses initiateurs, déportés et résistants, et leurs héritiers. Avec un double objectif de mémoire et d'éducation à la citoyenneté, ceux-ci avaient la volonté de tenir toute la chaîne du savoir depuis sa production par la recherche jusqu'à ses déclinaisons muséographiques, pédagogiques, voire médiatiques, permettant d'en assurer une diffusion utile au plus grand nombre. Ces travaux ont particulièrement nourri le Volet réflexif inédit du site-mémorial du Camp des Milles et ont été repris dans un ouvrage de synthèse* lui-même décliné notamment dans un *Petit Manuel de survie démocratique***, outil pédagogique déjà diffusé à plus de deux cent mille exemplaires.

Pour comprendre les processus qui peuvent conduire des racismes “ordinaires” aux génocides, et, par extension prudente, aux crimes de masse, comme pour analyser les capacités d’y résister, le travail scientifique et pédagogique a été mené durant une vingtaine d’années à partir du “terrain de recherche” que constitue le Camp des Milles lui-même mais aussi plus largement à partir de la Shoah dont il fut l’un des rouages. Il a fallu pour cela, de façon alors originale pour la muséographie d’un lieu de mémoire, se donner les moyens de prolonger l’approche historique traditionnelle par une approche pluridisciplinaire qui croise l’histoire avec la sociologie, la psychosociologie, le droit, la science politique, la philosophie.

En outre, nous avons fait l’hypothèse que comprendre les tragédies les plus

* *Pour résister… à l’engrenage des extrémismes, des racismes et de l’antisémitisme*, *op. cit.*

** *Petit Manuel de survie démocratique*, Fondation du Camp des Milles, 2019, 40 p., 2e ed.

marquantes dans des continents différents et des périodes diverses pouvait faire émerger des éléments fondamentaux individuels et collectifs communs à ces situations. Et que cela permettrait d'élaborer une "grille de lecture" générale qui aide à prévenir la répétition de semblables dynamiques mortifères, par-delà les apparences nouvelles et parfois trompeuses qu'elles peuvent présenter au gré des circonstances. Car, même si les processus collectifs et les postures individuelles sont fondamentalement semblables, leurs formes s'adaptent à l'actualité, et c'est donc la connaissance des ressorts de ces situations qui permet de les reconnaître sous des manifestations toujours changeantes. Le prochain pouvoir autoritaire et raciste ne se repérera plus par une petite moustache et une voix gutturale, c'est le rejet de l'islamisme qui a pris le relais du colonialisme pour alimenter les amalgames racistes anti-arabes, et c'est un certain antisionisme qui rejoint des chemins séculaires pour nourrir et unir aujourd'hui les antisémites de tous poils.

Le choix méthodologique a donc été fait d'élargir la recherche à d'autres histoires génocidaires du XXe siècle (Arméniens, Tsiganes, Tutsis du Rwanda) afin de mieux établir l'universalité des mécanismes et processus analysés et présentés à partir de l'histoire particulière du lieu et du génocide des juifs. Le Volet réflexif du site-mémorial, comme toute cette recherche, se positionne ainsi clairement à l'opposé de toute "concurrence victimaire" pour se concentrer au contraire sur ce qui peut être commun fondamentalement dans les différentes expressions historiques de la capacité humaine à basculer dans l'inhumain, mais aussi à y résister.

Cela implique pour le chercheur la mission "chirurgicale" de dépasser les contingences propres à chaque situation historique pour isoler les éléments principaux et récurrents qui peuvent conduire à de grands basculements. Ces rapprochements se révèlent particulièrement éclairants pour confirmer ou faire apparaître – à un degré parfois surprenant – les nombreux mécanismes communs, individuels, collectifs et institutionnels, que l'on retrouve par-delà les temps, les lieux et les hommes.

À l'opposé de toute "concurrence des mémoires", qui accompagne généralement les focalisations identitaires, c'est ainsi à une véritable "convergence des mémoires" que notre travail entend contribuer y compris dans des régions de conflits mémoriels : lorsque certains mémoriaux des Balkans se réunissent avec nous, la question que nous leur posons est d'abord "Qu'avez-vous constaté comme mécanismes communs dans les tragédies qui vous ont opposés, par-delà les évidentes spécificités et batailles mémorielles ?".

C'est d'ailleurs le projet qui anime la chaire internationale que l'Unesco a créée, à notre initiative, pour la Fondation du Camp des Milles – Mémoire et Éducation et l'université d'Aix-Marseille. Intitulée "Éducation à la citoyenneté, sciences de l'homme et convergence des mémoires*", cette chaire a été inaugurée le 8 octobre 2015 par François Hollande, président de la République, et Irina Bokova, directrice générale de l'Unesco. Des institutions universitaires et mémorielles d'une vingtaine de pays ont accepté d'y coopérer, d'Europe, d'Amérique et d'Afrique du Nord, d'Afrique noire et d'Asie. D'autres universités sont candidates. Il s'agit bien là aussi de construire solidement cette

* Responsable scientifique de la chaire : Alain Chouraqui ; coordinateurs : Bernard Mossé puis Nolwenn Lécuyer.

convergence des mémoires, fondée sur ce qu'il y a de commun dans leurs expériences différentes des comportements humains les plus atroces mais aussi les plus admirables. Et de mettre au point des dispositifs scientifiques et pédagogiques destinés à aller plus loin dans la connaissance et la diffusion des savoirs pertinents pour faire face aux processus actuels d'extrémisations et de radicalisations qui touchent aujourd'hui tous les continents.

Un lieu vivant et un repère citoyen innovant pour aujourd'hui

Le site-mémorial du Camp des Milles est un lieu de souvenirs, mais c'est aussi un lieu pour parler d'aujourd'hui et pour réfléchir sur nous-mêmes face à l'Autre. Car les hommes ordinaires d'hier se croyaient civilisés comme nous croyons l'être – et ils l'étaient probablement –, mais ils ont pourtant commis les pires des crimes. Face à la montée des intolérances dans le monde actuel, ce mémorial repose sur un pari nécessaire : celui que l'homme peut apprendre de son passé et qu'il faut donc comprendre pour pouvoir agir.

Aujourd'hui, le site-mémorial est bien un lieu vivant. Car ce qui est recherché, ce n'est pas que le visiteur, en particulier le jeune visiteur, sorte du mémorial accablé devant la noirceur des persécutions, mais qu'il prenne conscience que, éclairé par ce passé tragique, chaque homme ou chaque femme peut mieux mobiliser ses qualités de vigilance, d'anticipation et de résistance, et sa responsabilité en tant que personne face à l'Autre et en tant que citoyen dans la société.

Près d'un million de personnes ont ainsi visité le site-mémorial depuis son ouverture en 2012, dont environ cinq cent mille – presque tous les jeunes visiteurs – ont pu bénéficier d'ateliers ou de formations leur apportant le recul de l'histoire et des sciences de l'homme. Ces enseignements sont tournés en priorité vers les jeunes en difficulté mais aussi vers des publics très divers : élus, magistrats, policiers, gendarmes, militaires, syndicalistes, cadres ou personnels de la fonction publique ou du privé, responsables associatifs, enseignants, pompiers, sportifs… Ils se développent aussi dans les établissements pénitentiaires et auprès des jeunes sous main de justice. Des référents sont formés dans de nombreuses structures publiques et privées et une labellisation citoyenne peut être attribuée aux actions, accompagnées par la Fondation du Camp des Milles, qu'ils peuvent ensuite mener dans la durée au sein de ces structures.

En complément de ces éléments de sensibilisation, des événements culturels sont proposés tout au long de l'année : débats, conférences, expositions temporaires, prestations théâtrales, musicales, performances artistiques… Ce retour de la culture vivante au sein du site-mémorial du Camp des Milles est un hommage à la mémoire des artistes internés. L'action culturelle, en particulier auprès des jeunes, est aussi une manière de compléter, par l'approche artistique et sensible, les explications que la raison, l'histoire et les autres sciences de l'homme permettent de présenter dans la muséographie, en particulier dans son Volet réflexif. Cette démarche est souvent menée en partenariat avec de grandes institutions culturelles régionales, nationales ou internationales.

Durant les confinements liés à la pandémie, le site-mémorial a pu poursuivre l'essentiel de ses missions et développer son adaptabilité et sa créativité : maintien des commémorations, très suivies en distanciel, activités de formations, mise en place d'actions nouvelles et adaptées à la situation comme la mise à disposition en ligne de nombreuses ressources pédagogiques, culturelles et mémorielles, les déplacements d'équipes du Camp des Milles dans les établissements qui ne pouvaient pas s'y rendre du fait de la pandémie, une présence active sur les réseaux sociaux et dans les médias…

Bertrand Manen, fils d'Alice et Henri Manen, Justes parmi les Nations, bouleversé par les succès électoraux de l'extrême droite, déclare lors d'une cérémonie au site-mémorial : "Prenons garde. [...] Pour que la France ne devienne pas, à son tour, l'enfer sur terre, il est plus que temps que toutes les forces démocratiques, sans exception, mettent en lumière, explicitent et combattent les mythes sulfureux véhiculés par ces véritables ennemis de la France. Que tous et toutes, en responsabilité ou non, prennent également garde à ne pas banaliser, par des paroles dont la portée peut dépasser leur pensée, ces thèses mortifères. Nos parents et nos grands-parents ont su mener ce combat debout, levons-nous à notre tour pour éviter à nos enfants un sort funeste."

Annexe 2

Appel des grands Anciens du site-mémorial du Camp des Milles

"Nous reconnaissons les visages de la haine"

(2017 – Une première version de ce texte est parue dans Le Monde *du 12 décembre 2015)*

Mme Denise Toros Marter est déportée à seize ans à Auschwitz
Me Sidney Chouraqui est engagé volontaire de la France libre
Le colonel (e.r.) Louis Monguilan est résistant, déporté à Mauthausen

Nous, anciens résistants et déportés, nous avons appris durement à reconnaître les visages et les masques de l'exclusion et de la haine.

Comme nous reconnaissons les petits calculs, les colères dévoyées ou les aveuglements qui permettent le pire.

Aujourd'hui malheureusement, par-delà les mots et les faux-semblants, nous les reconnaissons bien dans notre pays.

Nous avons connu, subi et combattu le régime de Vichy et sa politique d'extrême droite, autoritaire, nationaliste, xénophobe et antisémite.

Aujourd'hui, en France et en Europe, nous voyons monter à nouveau cette xénophobie, ce nationalisme, ces racismes et cet antisémitisme, encouragés par des personnalités et des partis extrémistes.

Avec leur cortège de stigmatisations.

Avec leurs menaces contre la paix civile entre Français.

Nous savons bien que tous ceux qui sont attirés par les extrêmes ne sont pas eux-mêmes des extrémistes. Mais ce fut le cas aussi pour beaucoup de Français ou d'Allemands séduits un moment par Pétain ou Hitler dont ils n'imaginaient pas les horreurs futures.

Nous ne supportons pas l'idée que les héritiers des politiques antirépublicaines que nous avons connues puissent à nouveau exercer et détourner le pouvoir républicain.

L'exercice du pouvoir par des partis qui symbolisent des idéologies discriminatoires serait indécent et dangereux pour tous.

Cela insulterait les combats et les souffrances des résistants, des internés, des déportés.

Les menaces contre la République sont multiples, et le terrorisme en est l'expression la plus violente.

Mais c'est aujourd'hui l'extrémisme nationaliste qui risque de conquérir le pouvoir dans notre pays, et qui présente donc le danger le plus immédiat pour nos libertés et pour l'unité de notre peuple.

Cet extrémisme ferait d'ailleurs le jeu des provocations terroristes qui cherchent à nous affaiblir en sapant nos valeurs et en nous opposant les uns aux autres.

Peu importe que l'on nous accuse de diabolisation. Car nous avons connu les "diables ordinaires" qui peuvent préparer l'enfer.

Nous savons jusqu'où mènent l'intolérance et l'exclusion au pouvoir.

Nous en connaissons la dynamique meurtrière. Elle enclenche des engrenages d'actions/réactions qui peuvent conduire à des affrontements et à des violences extrêmes.

Pour notre pays, pour les valeurs de la République, pour nos enfants et petits-enfants, ce risque mortel ne peut pas être pris.

Annexe 3

Discours du préfet Stéphane Bouillon

(Cérémonie pour la Journée internationale de commémoration en mémoire des victimes de la Shoah au site-mémorial du Camp des Milles – 27 janvier 2016)

Mesdames et Messieurs,

Nous ne devrions pas être là.

Non, nous devrions être les uns au travail, les autres chez eux, ou en train de faire les courses. Peut-être d'ailleurs sur ce site devrait-il y avoir une entreprise, ou un magasin, ou des champs, des jardins…

Nous ne devrions pas être là.

Alors, pourquoi sommes-nous en ce lieu ? Pourquoi devons-nous être là ?

Parce qu'il y a soixante-dix ans, il y avait, ici, des hommes, des femmes, il y avait des enfants qui eux non plus n'auraient pas dû être là, qui avaient leurs occupations, leurs vies, leurs projets.

Et pourtant ils étaient là ; certes pas de leur plein gré, eux : entassés dans ces bâtiments, parqués dans ces wagons, attendant dans la détresse, et malgré tout dans l'espoir, un départ vers une destination inconnue. Ils ne se doutaient pas que c'était vers l'abjection, vers leur mort.

Déracinés, arrachés, broyés.

Déracinés parce qu'ils étaient chez eux en France : ils faisaient partie de la forêt française. Arrachés à leurs familles, leurs amis, à la sécurité d'une vie paisible.

Broyés par le nazisme, une idéologie de violence, de discrimination, de mépris, de mort. Et broyés par une administration au mieux aveugle, au pire complice, même si certains se rebellèrent.

Car disons-le, il n'aurait jamais dû y avoir des députés pour voter ces lois antijuives, ignobles, il n'aurait jamais dû y avoir de préfets pour les mettre en œuvre, de forces de l'ordre pour les exécuter, de juges pour les approuver ; il n'aurait jamais dû y avoir de train pour transporter ces malheureux, et de passants pour tourner la tête, ou pire, dénoncer.

Et pourtant il y a eu tout cela. Certes, il y a eu, aussi, les Justes qui ont protégé les Juifs, les résistants qui ont donné de faux papiers, entravé l'occupant, pris le maquis, les Français libres qui ont rejoint le général de Gaulle à Londres. La mémoire de certains d'entre eux est ici, parmi nous, et ils honorent non seulement la France, mais l'humanité.

Et nous, qu'aurions-nous fait ? Oh, bien sûr, nous aurions tous été dans le camp des héros : facile, soixante-dix ans après.

Non, la vraie question que l'on doit se poser, la vraie leçon que l'on doit tirer de cette journée de mémoire, de la vérité de ce lieu, c'est : "Qu'est-ce que je peux faire, qu'est-ce que je dois faire pour que cela ne se reproduise pas ?"

C'est cela la leçon, à répéter non seulement aujourd'hui dans ce mémorial, dans tous les mémoriaux, mais aussi à répéter tous les jours dans les écoles, les collèges, les lycées, dans les centres d'action sociale, dans les associations, dans les lieux de culte.

Que faire pour éviter la barbarie ? Pour éviter l'exécution de gens qui sont tués pour ce qu'ils sont, ce qu'ils croient, ce qu'ils pensent.

Car la menace existe encore (quelle naïveté de croire que nous l'avions terrassée !) et nous, tous, quels que soient notre origine, notre religion, notre mode de pensée, pouvons en être victimes.

Antisémitisme, islamophobie, racisme, radicalisme sont des monstres aveugles. Ils se nourrissent de la peur, puis le rejet de l'autre, de l'intolérance, du complotisme, si facile pour s'isoler et satisfaire sa paranoïa. De là découle la recherche de boucs émissaires aux malheurs des temps : chômage, conflits, montée des fausses idées absolutistes dévoyant une doctrine, ou une religion.

Ce terreau-là, il existait dans les années 1930 ; il existe au XXIe siècle. Nous devons en être conscients, et résister.

Résister au confort d'aller dans le sens de ceux qui crient le plus fort, qui affirment avoir des solutions simples, définitives à tout problème.

Résister au terrorisme : le terrorisme tue. Il ne vise pas seulement des êtres humains, il vise nos âmes, il vise la fraternité, l'insouciance, la paix, il vise le respect mutuel, l'intelligence.

C'est pourquoi les forces de sécurité, police, gendarmerie, luttent sans relâche pour déceler les réseaux, identifier ceux qui se laissent endoctriner, c'est pourquoi elles sont mobilisées pour protéger nos concitoyens, avec les Armées.

Et nos forces armées elles-mêmes se battent aux côtés de coalitions pour neutraliser les berceaux de ces horreurs, et préserver les populations locales qui en sont victimes.

Il nous faut ainsi résister à la peur, au doute, à la résignation, parfois au désespoir.

Oui, notre France est belle ; oui, elle est fraternelle ; oui, malgré ses difficultés économiques, elle est prospère, et oui, elle est porteuse d'un rôle, d'un grand rôle au service de l'humanité. Pourquoi ne nous en rendons-nous pas compte ?

Soyons fiers de nous et nous n'aurons pas peur. Nous serons invincibles. Je le dis ici, en ce lieu où la barbarie a dominé pendant un temps. Elle a dominé, mais elle n'a pas écrasé les âmes, elle n'a pas vaincu les volontés, le chant, la discussion, elle n'a pas dominé la pensée. Les déportés rescapés, ici présents, en sont la preuve !

Alors, Mesdames et Messieurs,

Prenons exemple sur ceux qui sont passés ici. Ils ont cru en eux, en leur liberté, ils ont cru en la France, en la vie. Alors même qu'ils partaient à l'holocauste.

Face à cette horreur, que nos petites misères, nos querelles paraissent vaines.

Face à ce mémorial, je le dis, c'est la fraternité, la cohésion sociale, la tolérance et l'acceptation de l'autre qui nous éviteront que tout cela ne puisse recommencer. C'est aussi la vigilance de chacun, et la fermeté des lois de la République. Et c'est pourquoi il nous faut parler, expliquer, éduquer, partager. C'est pourquoi il faut le visiter ce mémorial, y amener toutes les générations.

Et c'est pourquoi, finalement, il est bien que nous soyons là, en cette journée de commémoration. Nous ne commémorons pas le passé, nous enseignons l'avenir.

Vive la République,
Vive la France.

REMERCIEMENTS

La mémoire est une chaîne humaine tressée de joies, de souffrances et de courages. Que soient ici remerciés ceux qui m'en ont passé le relais, sans avoir le souci de transmettre leur propre souvenir mais avec la volonté d'éclairer les générations suivantes sur les risques vitaux des extrémismes identitaires et de leur cortège de menaces pour la démocratie et pour la paix civile. Au premier rang d'entre eux, je salue avec respect Serge Klarsfeld, Philippe Joutard, Denise Toros-Marter, Louis Monguilan, Jean-Louis Medvedowsky, Herbert Traube et Sidney Chouraqui, mon père.

La recherche est aussi un travail cumulatif où l'on monte sur les épaules des chercheurs qui nous ont précédés et où les résultats sont toujours collectifs. Je veux donc ici remercier les collègues français et étrangers dont la rencontre ou la lecture m'ont aidé, au fil du temps, à forger les outils méthodologiques et les concepts qui pour moi constituent le socle de toute avancée sérieuse vers une vérité scientifique à la fois légitime et toujours ouverte.

Plus directement, ce livre doit largement son contenu scientifique aux travaux des équipes successives porteuses du projet de site-mémorial du Camp des Milles puis de la Fondation du Camp des Milles – Mémoire et Éducation. J'en remercie chacune et chacun de leurs membres, pour la qualité de leur apport, mais aussi parce que diriger ces équipes compétentes, volontaires et engagées fut une satisfaction d'autant plus profonde que les autres écueils furent nombreux sur le long chemin qui mena à l'ouverture de ce haut lieu de mémoire. Que soient ainsi vivement remerciés les membres du Conseil scientifique de la Fondation, pour la qualité de leurs contributions et leur souci de toujours faire prévaloir l'intérêt de la démarche collective. Je remercie tout particulièrement le président de ce conseil, le recteur Jean-Paul de Gaudemar, et son vice-président Max Polonovski, conservateur général du patrimoine, pour la richesse du dialogue entretenu, pour leur confiance constante, et, plus encore, pour leurs conseils très précieux dans l'aventure intellectuelle, culturelle et citoyenne engagée sur des sujets d'une grande sensibilité. L'élaboration de l'indice AARD est un exemple de celle-ci et je tiens à remercier Philippe Mossé, membre de ce conseil, pour sa rigueur et sa finesse d'analyse dans l'élaboration complexe de cet outil. D'autre part, plusieurs passages de cet essai doivent beaucoup aux travaux menés avec Bernard Mossé, ancien responsable du pôle Formation, Éducation, Recherche de la Fondation, mais aussi plus spécifiquement à Olivier Vincent, professeur d'histoire en charge du service éducatif de la Fondation, et à Valérie Igounet, historienne, spécialiste du complotisme, qui ont bien voulu accepter de mettre leurs compétences respectives au service de notre ambition commune.

Je veux aussi dire ma gratitude très chaleureuse à Odile Boyer, directrice adjointe de la Fondation du Camp des Milles, la plus ancienne collaboratrice à mes côtés, pour son travail exigeant et son engagement sans limites dans les missions mémorielles et citoyennes de la Fondation. Son soutien constant a été à nouveau décisif pour moi dans la rédaction de cet ouvrage souvent entravée par d'autres obligations.

En synergie avec celui-ci, merci aux équipes de la Fondation du Camp des Milles et à ses directeurs successifs, Cyprien Fonvielle et Nicolas Sadoul, de transmettre chaque jour les enseignements de l'expérience collective du vertige identitaire aux visiteurs du site-mémorial comme aux publics et aux responsables les plus divers, dans et hors les murs, aux jeunes en particulier.

Un grand merci enfin à mon éditrice Anne-Sylvie Bameule dont j'ai découvert et grandement apprécié les conseils et remarques toujours stimulants. Ainsi qu'aux équipes discrètes et efficaces des Éditions Actes Sud, et en particulier à Marie-Amélie Le Roy.

DU MÊME AUTEUR

L'Informatique au service du droit, PUF, "Sup", 1974, 303 p.

La Coopération syndicats-recherche en Europe (préface d'Alain Touraine), Presses du CNRS, 1991, 478 p.

Le Droit d'expression des salariés en France (avec Robert Tchobanian), Institut international d'études sociales, BIT, 1991, 157 p.

Syndicalisme et démocratie dans l'entreprise (avec Henri Pinaud et Michel Le Tron), L'Harmattan, 2000, 266 p.

Models of Employee Participation in a Changing Global Environment. Diversity and Interaction (avec Raymond Markey, Ann Hodgkinson, Paul Gollan et Ulke Veersma), Ashgate, 2001, 343 p.

Participation, Globalization and Culture. International and South-African Perspectives (avec György Széll et Dasarath Chetty), Peter Lang Publishing, 2002, 357 p.

Pour résister… à l'engrenage des extrémismes, des racismes et de l'antisémitisme (prologue de Simone Veil et préface de Jean-Paul de Gaudemar), Cherche Midi, 2015. Prix Seligmann contre le racisme, l'injustice et l'intolérance, décerné par la chancellerie des universités de Paris (2016). Une nouvelle édition, augmentée, est à paraître en format poche chez Actes Sud.

30 Actes justes… face à la barbarie (avec Guila Clara Kessous), Alexandre Stanké, Livres audio, 2019.

Petit Manuel de survie démocratique, Fondation du Camp des Milles – Mémoire et Éducation, 2e édition augmentée, 2019. Traduit en allemand, anglais à paraître.

COMPOSITION ET MISE EN PAGES
NORD COMPO À VILLENEUVE-D'ASCQ
ACHEVÉ D'IMPRIMER EN FÉVRIER 2022
PAR NORMANDIE ROTO IMPRESSION S.A.S. À LONRAI
POUR LE COMPTE DES ÉDITIONS ACTES SUD,
LE MÉJAN, PLACE NINA-BERBEROVA
13200 ARLES

DÉPÔT LÉGAL
1re ÉDITION : mars 2022
N° impr. : 2107277
(Imprimé en France)